AF548541

Karte von Togo

Mepofide ewo kple wo dzidzime viwo vassede dzidzime etonlia dzi.

Christoph Nix

LOMÉ
DER AUFSTAND

ROMAN

: TRANSIT

Postfach 12 03 07 | 10593 Berlin
www.transit-verlag.de

Umschlaggestaltung, unter Verwendung
eines Fotos von Johannes Nix,
und Layout: Gudrun Fröba
1 Seite: Karte von Togo: Antonia Rosenthal
Druck und Bindung: GGP, Deutschland
ISBN 978-3-88747-376-1

INHALT

Vorbemerkung

Ich war über zwanzig Jahre lang Pilot der Bundeswehr. In meinen ersten Dienstjahren flog ich eine der Regierungsmaschinen.

Am 4. März 1966 war ich der Erste Pilot auf dem Flug nach Lomé, der Hauptstadt von Togo. Bundespräsident Heinrich Lübke wollte die Republik besuchen. Das Land, von 1884 bis 1916 eine deutsche Kolonie, hatte vor kurzem seine Unabhängigkeit gewonnen und bereits große Umbrüche erlebt. Es war ein ruhiger Flug, der Himmel war klar, und wir wähnten uns mitten unter den Sternen.

Mein Copilot, ein junger Major, erzählte mir von seiner Familie, seiner Frau Lisa und den Kindern, die noch sehr klein waren. Er hatte seine Ausbildungszeit in der Wüste von Nevada verbracht und den klaren Himmel über den Sanddünen geliebt.

Völlig unerwartet erschien der Erste Steward in unserem Cockpit und erzählte, Lübke sei verärgert, er mache dem diplomatischen Korps Vorwürfe, sie hätten ihn falsch unterrichtet. Es drohte ein Eklat.

Was war geschehen?

Togo lag Heinrich Lübke am Herzen. Er war viele Jahre mit Sylvanus Epiphanio Olympio befreundet gewesen. Olympio, der erste frei gewählte Präsident von Togo, wurde am 13. Januar 1963 ermordet. Präsident Lübke war erschüttert und misstraute den neuen Machthabern. Es gab gar keinen Zweifel, dass der Oberbefehlshaber der Armee, Antoine Nanguibe, einer der Putschisten, auch der Mörder war. Sylvanus, wie Lübke ihn genannt hatte, war vor der amerikanischen Botschaft erschossen worden. Die diplomatischen Beziehungen zwischen Deutschland und Togo wurden eingefroren, aber der mächtige CSU-Politiker Franz-Josef Strauß unterlief den Boykott und sorgte dafür, dass sie bald wieder normalisiert wurden.

Heinrich Lübke hatte beschlossen, sich selbst ein Bild von der Situation in Togo zu machen. Erst auf unserem Flug erfuhr er, dass Nanguibe die deutsche Delegation begrüßen wollte und danach zu einem Mittagessen geladen hatte.

»Ich werde nicht mit Mördern zusammen sitzen«, protestierte der Präsident und schlug mit der Hand auf den Tisch. Das war ungewöhnlich für sein sonst eher zurückhaltendes Wesen. Er schimpfte über die Politik des Auswärtigen Amtes, sprach von *Nazis im Amte*. Das erstaunte mich, stand er doch selbst unter dem Verdacht, in der Nazizeit für ein Architekturbüro gearbeitet zu haben, das am Bau von Konzentrationslagern beteiligt gewesen war. Heute weiß ich, welche Absichten hinter diesen Gerüchten standen und wie man schon damals mit Fake-News Politik machte. Franz-Josef Strauß war ein Meister in diesen Dingen.

Wir, die wir Lübke kannten und schätzten, befürchteten, er könne zusammenbrechen, gar einen Infarkt erleiden. Wilhelmine, seine Frau, versuchte ihn zu beruhigen, was ihr leider nicht gelang.

Er kam zu mir ins Cockpit und bat: »Hummler, ich konnte mich immer auf Sie verlassen. Bitte, fliegen Sie zurück.« Solch eine Situation hatte ich noch nicht erlebt. Ein Staatssekretär mischte sich ein, und einige der begleitenden Abgeordneten aus den Parteien CDU und CSU vertraten tatsächlich die Auffassung, dass der Präsident nicht die alleinige Entscheidsbefugnis habe. Es gab heftige Diskussionen, unschöne Wortwechsel.

Lübke hatte sich sorgfältig auf diese Reise vorbereitet. Er hatte vom Bundesnachrichtendienst Fotografien von Nanguibe angefordert, um sich sein Gesicht einzuprägen. Er wollte ihn weder sehen noch auf einer Einladungsliste der Botschaft erwähnt finden. Nanguibe war der Mörder seines Freundes. Lübke hatte sogar ein Rechtsgutachten erstellen lassen, denn er wollte ihn anklagen. Aber vor welchem Gericht? Wo ließ sich ein Richter finden, der die Verantwortung für einen solchen Prozess auf sich nahm?

Wir flogen über Mauretanien, über die große Wüste, im Westen sahen wir das Meer. Heinrich Lübke ließ sich schließlich überreden. Der begleitende Stabsarzt Dr. Schneider verband ihm die rechte Hand, obwohl sie nicht verletzt war. In Togo würde man erzählen, er sei auf dem Flug gestürzt. So musste er dem Mörder Nanguibe nicht die Hand reichen.

Wir landeten pünktlich. Die Maschine rollte aus und ich schaute aus dem Cockpitfenster. Ich wollte genau beobachten, wie die Begegnung zwischen Heinrich Lübke und Nanguibe ablaufen würde. Der Präsident stieg die Treppen hinab, schaute zunächst an Nicolas Grunitzky, dem damaligen Staatsoberhaupt, vorbei, grüßte kühl und blieb dann einen kurzen Moment vor Nanguibe stehen. Er musterte ihn, er strafte ihn mit seinem Blick, die Luft brannte. Dann ging er weiter. Ich sah, wie ihn das alles anstrengte, ich hatte höchste Achtung vor dem alten Mann.

Nanguibe reagierte mit blanker Wut. Er verlor die Beherrschung und schrie: »Mepofide ewo kple wo dzidzime viwo vassede dzidzime etonlia dzi.«*

Dann spuckte er auf den Boden. Es fehlte nicht viel und es wäre eskaliert. Aber Lübke hatte eine hervorragende Crew von Sicherheitsbeamten, junge, schnelle Männer.

* Verflucht sollst du sein, du und deine ganze Familie, bis ins dritte Glied!

Antoine Nanguibe würde diese Erniedrigung nicht vergessen. Er, einer der mächtigsten Männer Togos, gedemütigt von diesem alten, schwächlichen Weißen.

Ein Jahr später wurde Antoine Staatschef. Die Episode am Flughafen von Lomé war längst vergessen. Mit Unterstützung von Franz-Josef Strauß, der mittlerweile Finanzminister geworden war, begründete Antoine 1967 in Togo seinen Familienstaat. Er erhielt den Bayerischen Verdienstorden und Entwicklungshilfe in Höhe von insgesamt mehreren hundert Millionen DM. Fast vierzig Jahre führte er das Land, dessen Bewohner unter ärmlichsten Bedingungen leben mussten. Nach dem Tod von Antoine am 5. Februar 2005 wurde sein Sohn Felix zum Nachfolger bestimmt. Die Familie Nanguibe regiert das Land nun schon seit über fünfzig Jahren. Seit dem Herbst 2017 formiert sich die Opposition. Sie wird angeführt von Abas Lemgo und dem Bürgermeister von Togoville, junge, kluge Männer, gegen beide wird mit allen Mitteln, auch militärisch vorgegangen. Im Norden des Landes geschehen Massaker. Die internationale Öffentlichkeit schweigt.

Diese Begegnung mit Heinrich Lübke hat mein Leben verändert. Vielleicht auch deshalb, weil er auf so unauffällige Weise aufrecht war. Die Geschichte Afrikas ist mir nicht mehr gleichgültig. Ich habe mitbekommen, wie wir Einfluss nehmen auf diese Länder und wie Heinrich Lübke später diffamiert und belächelt wurde. Das war nicht richtig. Ich erlebte ihn immer als nachdenklichen Menschen und als einen Streiter für die Demokratie in Afrika. Heute wissen wir, dass all die Geschichten zu seiner Person erlogen waren. Er habe in Liberia eine Rede mit den Worten eröffnet: *Meine Damen und Herren, liebe Neger ...* oder er habe zur Queen den Satz gesagt: *Equal goes it loose.*

Strauß soll an dieser negativen Legendenbildung mitgewirkt haben, um Heinrich Lübke von seiner Außenpolitik fern zu halten. Aber das kann auch nur ein Gerücht sein. Lübkes Grundhaltung stand in jedem Falle im Gegensatz zur Macht-Politik der bayerischen CSU.

Wenn ich heute in Lomé aus dem Fenster meines Hauses schaue, sehe ich das Meer und die große Autostraße, die von Ghana nach Benin führt. Nicht weit davon entfernt liegt die Deutsche Botschaft, ein überdimensioniertes Gebäude, und zwei Straßen weiter schon die Hanns-Seidel-Stiftung, die bis heute die Familie Nanguibe unterstützt und deren Mitarbeiter sich nicht schämen, sich vom blutbefleckten Präsidenten Orden umhängen zu lassen.

Ich würde gerne erleben, dass die Demokratiebewegung in Togo siegt, das Land eine bessere Zukunft bekommt und dass Sylvanus Olympio und Heinrich Lübke die Anerkennung zuteil wird, die ihnen gebührt. Sie wollten ein freies Afrika, frei von den Interessen alter und neuer Kolonialisten.

Carl Hummler, Herbst 2017

ERSTES BUCH

Der Flug nach Lomé (Ende August 2017)

Menz war am Verzweifeln. Seit zwei Stunden versuchte er, mit der Togoischen Botschaft in Berlin zu telefonieren. Aber niemand hob ab. Er wollte keine Zeit verlieren, nahm ein Taxi und fuhr in die Grabbeallee 43. Er klingelte, ein verschlafener Mann öffnete die Tür. Ja, er sei die Visabehörde persönlich. Einen Pass, der auf den Namen Michael Menz lautete, habe er nicht finden können. Menz ließ sich nicht abwimmeln, schließlich bat der Mann ihn herein. In einem großen Karton lagen Pässe mit Visa-Anträgen, die der Botschaftsangestellte einfach auf den Tresen des leeren Büros ausschüttete. Menz begann in dem Haufen zu wühlen und sah sein Porträtfoto. Der Andere lachte:

»Nix geht verloren!« Er schlug Menz auf den Rücken und steckte den Hunderter in seine Brusttasche. Quittungsbelege habe er hier leider keine.

Der Reise nach Afrika stand nichts mehr im Wege.

Die Sonne ging unter. Die letzten Strahlen verwandelten die Wüste in ein gelbes Meer. Wenige Minuten später färbte sich die Erde grün. Hier begann der Regenwald. Die Maschine flog über Mali, dann über die politische Grenze zur Republik Niger. Ein willkürlich gezogener Strich in der Landschaft. Das Flugzeug verlor an Höhe und setzte zur Landung an. Die Boeing 737 hoppelte über eine mit Löchern übersäte Piste und rollte zu einer Baracke, die wie eine größere Telefonzelle aussah. Auf dem Dach stand das Wort *Niamey*.

Der Flughafen machte einen erbärmlichen Eindruck. Keine Gangway. Keine Plakate oder Leuchtschriften. Die Nationalfahne vom Winde verweht. Alte, offenbar kaputte Militärfahrzeuge standen herum zwischen alten Bussen und Eisenschrott. Passagiere irrten über das Rollfeld. Michael Menz war erleichtert, Flugangst hatte ihn gebeutelt.

Aber er hatte sich zu früh gefreut, er war noch nicht am Ziel, es war lediglich eine Zwischenlandung. Es würde noch einmal hinauf und nach wenigen Minuten wieder hinuntergehen. Es war der billigste Flug, der im Internet zu finden gewesen war. In den folgenden Monaten würde der *Niger Air* die Starterlaubnis für europäische Flughäfen entzogen werden. Die aussteigenden Passagiere eilten auf die Baracke zu, huschten durch die Glastür und wurden verschluckt.

Der Mann neben ihm musste lachen, als er ihm ins Gesicht sah. »Das ist Afrika«, sagte er, »aber alles geht gut. Irgendwie. Das erste Mal auf dem Kontinent?«

Menz schüttelte den Kopf: »Nein«, sagte er, dann stand er auf und ging zur offenen Flugzeugtür. Er wollte den Sand riechen, die Pflanzen, die Menschen, das Land: Niger.

»Sie dürfen nicht raus. Sie haben kein Visum.«

Der Steward versuchte freundlich zu sein, aber es gelang ihm nicht, er war ungehalten.

»Nur einmal die Hand raushalten, nigrische Luft spüren?«, fragte Menz, der Mann schüttelte wortlos den Kopf. Ein älterer Mann ohne jeden Humor. Heruntergezogene Mundwinkel und Tränensäcke. Ein Weißer bei der nigrischen Fluggesellschaft muss eine besondere Geschichte haben. Menz ging zurück auf seinen Platz. Sein Nachbar trank aus einer Büchse Bier, lächelte ihm zu.

Auf die Frage, was er beruflich mache, überlegte er, so als habe er nicht genau verstanden, und dann kam die Antwort mit einer Gegenfrage: »Taxi, und du?«

»Theater, immer mit anderen.« Die beiden Männer grinsten.

Ob es noch was zu trinken gebe, fragte Menz den Steward, aber der schüttelte wieder den Kopf. Er schloss die Tür, die Maschine rollte an, raste über das Flugfeld und hob ab. Der Afrikaner aus Paris, der Pierre hieß und aus Togo kam, reichte Menz seine Bierbüchse.

»Danke.«

»Das ist Afrika.«

»Ja. Gefällt mir.«

»Wir sehen uns wieder? Hotel IBIS am Boulevard Charles de Gaulle.«

Pierre legte ihm freundlich die Hand auf die Schulter, Menz spürte den Druck und den Schweiß auf seinem Hemd.

Als Menz in Lomé die Empfangshalle des Flughafens betrat, wartete der Vertreter des Botschafters auf ihn. Ein jüngerer, höflicher Mann, etwas zu dick, krauses Haar, lustiges Gesicht. Rasch wurden Menz die Koffer ausgehändigt, sein Pass abgestempelt. Wenige Minuten später saßen sie in einer großen, weißen BMW-Limousine und fuhren durch die Nacht.

»Es gibt kein Leichenschauhaus in Lomé, wie wir das kennen«, sagte Dr. Trenk, »die Toten liegen alle im Keller der Städtischen Kliniken oder im Militärkrankenhaus.« Menz nickte nur. Er schaute mit leeren Blicken aus dem Fenster. Trenk verstand, ließ ihn erst einmal ankommen und las die Mails auf seinem iPhone.

Die fremde Stadt im Dunkeln zog an Menz vorüber wie in einem Film. Manches ließ sich nur erahnen, die Seitenstraßen waren dunkel und leer, die Boulevards breit und frisch geteert. Lange schon hatten die Chinesen begonnen, die Straßen in Togo zu erneuern, mehr noch, die Landkarte Afrikas neu auszurichten. Die Straßen waren das eine, das andere die Regierungspaläste. In Mauretanien, Djibouti, Mozambique und dem Sudan wurden sie von China gebaut und den Regierungen schlüsselfertig übergeben. Für Malawi und Sambia gab es bereits Pläne für den Landkauf, um Getreide anbauen zu können. Die Kommunistische Partei Chinas hatte den Fortschritt in die Hände genommen, während die Europäische Union ihre politische Aufgabe in Afrika offensichtlich verschlafen hatte. Den Deutschen gehörten die Ruinen, die Franzosen besaßen die Häfen und den Rest der alten kolonialen Welt. Es gab eine Franz-Josef-Strauß-Straße und den Boulevard Charles de Gaulle.

Trenk plauderte, er habe Geographie studiert und seit achtzehn Monaten lebe er mit seiner Frau und den drei Kindern in Togo. *Ein ungewöhnlicher Aufstieg,* dachte Menz, *er ist kein Jurist und mit Mitte dreißig schon Botschafts-Vertreter.* Als habe Dr. Trenk seine Gedanken gelesen, fügte er hinzu:

»Wer will schon nach Togo? Wollen Sie schlafen? Oder haben Sie noch Lust auf ein Bier? Im Hotel oder in einer Bar?« Sie einigten sich auf das Hotel.

Menz hatte den jungen Schauspieler aus seinem Ensemble überredet, nach Afrika zu gehen. Er hatte ihm gesagt, Togo sei ein Land für Afrika-Einsteiger. Zweifellos eine Diktatur, aber eine freundliche Form davon, kein Bürgerkrieg und mitten in der Hauptstadt sogar eine Deutsche Klinik und ein Hofbräuhaus. Aber Menz hatte sich geirrt. Lomé hatte sich verändert.

Sie fuhren durch die Rue de Cantine de l'aéroport, später bog der Chauffeur in die Avenue du Général Nanguibe Antoine ein. Die Stadt war heller geworden. Es gab mehr Licht, und selbst die kleinen Läden hatten beleuchtete Reklameschilder. Er sah Girlanden und Bettler, viele Kinder, Straßenkinder, dazwischen ein paar Tannenbäume aus Plastik und Papier. Die Menschen waren auf den Beinen, waren unterwegs, suchten nach Arbeit und Brot, suchten ihr Glück. Da gab es sogar eine Pizzeria – Menz lächelte – und dort ein Fahrradgeschäft. Sie fuhren über eine Brücke, die beide Seiten des kleinen Kanals miteinander verband, über alte Eisenbahnschwellen, und jetzt erkannte Menz, wo sie waren, im Regierungsviertel, bei den Palästen aus der Kolonialzeit und in Kürze am Meer. Er sah die Palmen und den Strand, ein paar Hütten und sogar zwei Restaurants in den Dünen.

Er hatte das IBIS-Hotel gewählt, neunzig Dollar die Nacht, das ist viel für Togo, aber für Europäer ein normaler, ein guter Preis. Der Botschaftswagen fuhr vor, die Türen wurden aufgerissen und Menz bekam eine Ahnung davon, wie es war, wenn man so lebte, gut behütet und abgeschottet gegen die Armut dieser Welt, für die man dann gerade noch einen melancholischen Blick aus dem Auto übrig haben würde.

Mit Trenk musste man keine erzwungene Konversation betreiben, er verstand sofort, wie sich einer wie er fühlte. Er spürte, dass der alte Mann den Luxus des Hotels genoss, aber gleichzeitig die isolierte Welt der diplomatischen Privilegien ablehnte.

Menz wollte zunächst einmal aufs Zimmer, Koffer hinwerfen, die Matratze ausprobieren, entscheiden, ob er die Klimaanlage benutzen solle oder nicht. Dann wieder hinunter in die Hotelhalle. Es hätte eine gute Zeit für Menz werden können, gäbe es nicht diesen traurigen Grund für seine Reise. Er wollte einen toten Schauspieler nach Deutschland holen. Mehr noch, einen seiner Mitarbeiter, für dessen Tod er sich verantwortlich fühlte.

»Gleich morgen fahren wir in die Rechtsmedizin«, sagte Trenk. Dann klingelte sein Telefon, es war seine Frau. Sie war ungeduldig, kannte diese Vertröstungen. Immer waren die anderen

Menschen wichtiger als die Familie, immer zuerst der Job und die Karriere. Es ist bequem für deutsche Diplomaten in Afrika, ihre Frauen in traditionelle Rollenmuster zu drängen. Trenk beendete das Telefonat und suchte nach der Zigarettenschachtel in seinem Jackett.

Menz freute sich nach dem Einchecken im IBIS über seine ersten französischen Brocken und wurde schnell sicherer im Gebrauch von Vokabeln und Redewendungen. Sie gingen auf die Terrasse, die Kellnerin brachte ihnen Bier.

»Ich bin ein Ausgeliehener aus dem Ministerium für wirtschaftliche Zusammenarbeit. Wir sind ein bisserl anders«, flüsterte Trenk, »wir kommen vom Sozialen und sehen die Lebensumstände und weniger die Machtverhältnisse unter dem Gesichtspunkt: *Wo finde ich da meinen Platz.*«

»Verstehe«, brummte Menz und musste an den Toten denken. Den Rest des Abends blieb er schweigsam, bis Trenk sich verabschiedete:

»Schlafen Sie gut. Ich hole Sie um 9 Uhr ab.«

Menz setzte sich in einen Sessel im Foyer. Über der Rezeption hing ein großes Wandgemälde. Menz hatte es zuvor nicht beachtet, aber jetzt hatte er Zeit. War es Kitsch? Zu grelle Farben? Im Zentrum des Bildes befanden sich drei mit Stroh bedeckte Hütten. Davor saßen drei lachende Frauen auf einer Bank. Sie trugen bunte Kleider, eine nur einen Rock. Darunter eine Marktszene. Zwei Frauen feilschten um Fische, drei andere stampften Mais, und eine abseits stehende Frau trug einen Korb auf dem Kopf. Sein Blick tastete das Bild ab und er hoffte, irgendwo auch einen Mann zu entdecken. Aber außer den Frauen sah er nur Fische und Menschen, die Androgyne waren, keinem Geschlecht zuzuordnen. Aber halt! Da streckte doch eines dieser Wesen weit die Zunge heraus und schaute gut erkennbar in eine bestimmte Richtung. Menz folgte diesem Blick und da sah er das Porträt des Präsidenten von Togo. Er lachte auf und zog damit die Aufmerksamkeit des Nachtportiers auf sich. Er fühlte sich ertappt. Menz war gerade dabei, die kleinen Geheimnisse des Landes zu entdecken.

Der Tote

Nach zwanzigminütiger Autofahrt kamen sie auf ein Militärgelände, wo sich auch die forensische Abteilung der Städtischen Klinik befand. Die Posten winkten sie durch, der weiße BMW mit deutscher Fahne bewirkte Wunder.
Es roch nach Urin und Kot in den Kellern. Menz beschlich die Vorstellung, er bewege sich durch ein Folterzentrum, rechts und links des langen Flurs Zellen, in denen Gefangene vor sich hin moderten.

Sie erreichten das Kühlhaus mit seinen vielen Schubladen. In einer davon lag Hans. Er erkannte ihn sofort, den langen schlaksigen Kerl. Die Augen waren geschlossen, die Arme lagen schlaff neben dem Körper, offensichtlich hatte sich die Totenstarre schon wieder gelöst. Dann sah Menz die Wunde. Sie hatten Hans das Glied herausgerissen. Da war nichts mehr, nur ein großes Loch. Er wollte standhaft bleiben, auf keinen Fall weglaufen, aber er konnte sich kaum noch aufrecht halten. Der Arzt bedeckte den Toten wieder mit dem schmutzigen Tuch. Menz war übel. Er ging zum Fenster und öffnete es.

»Ihr Sohn?«, fragte der Arzt.

Menz schüttelte den Kopf: »Mein Schauspieler.«

»Und da kommen Sie den weiten Weg hierher?«

Ja, und da komme ich den weiten Weg hierher, dachte Menz. *Ich war es doch, der den armen Kerl hierher geschickt hat. Er hatte Angst gehabt, und ich hatte ihm Druck gemacht!*

Trenk zupfte ihn am Ärmel: »Kommen Sie. Wir können hier nichts tun.« Menz folgte ihm. Sie stiegen in den Wagen.

»Haben wir irgendeine Chance, heraus zu bekommen, was passiert ist?«, fragte er.

Trenk schwieg, steckte sich eine Zigarette an und schüttelte den Kopf.

»Ich fürchte, wir haben wenig Möglichkeiten.«

»Aber ich kann nicht nach Hause fliegen ohne zu wissen, wer das getan hat.« Sie schwiegen lange. Dann sagte er noch: »Ich würde gerne meine Leute treffen und wenn es Ihnen recht ist, am Nachmittag in die Botschaft kommen.«

»Dann lass' ich Sie am Hotel absetzen und wir sehen uns um 15 Uhr.«

Menz stieg die Treppe zum Eingang hoch. Ein Sicherheitsmann öffnete ihm die Tür. Menz steckte ihm einen Kugelschreiber zu. Der Rezeptionist gab ihm den Zimmerschlüssel, sah dabei nervös nach links und rechts und warf ihm einen vielsagenden Blick zu. Menz nahm den Fahrstuhl. Eilig lief er zu seinem Zimmer und schloss die Tür auf. Sie klemmte und ihm wurde klar, warum der Mann an der Rezeption so merkwürdig gewesen war. Der Inhalt seines Koffers lag verstreut auf dem Boden, seine Zahnpasta fehlte und seine Salbentuben waren ebenso verschwunden. Salben gegen alle möglichen Hauterkrankungen führte Menz immer mit sich. Auch seine Papiere und Notizen waren durcheinander, aber auf den ersten Blick vermisste er nichts. Er tastete das Futter seines Koffers ab, der Elektroschocker steckte noch in seinem Spezialfach. Sonst hatte er nichts zu verbergen, und da er sogar über einen Waffenschein verfügte, machte er sich wenig Sorgen, falls dies eine Durchsuchungsaktion der togoischen Polizei gewesen sein sollte. Er informierte die Rezeption und bat darum, die Polizei zu verständigen, dann rief er in der Deutschen Botschaft an, die am Boulevard du Mono lag, unweit der Grenze zu Ghana, die Lomé im Westen der Stadt durchzog.

Er wartete, niemand kam. So fotografierte er das Durcheinander in seinem Zimmer, danach schaute er aus dem Fenster. Das IBIS liegt direkt am Meer und wenn man Glück und ein Zimmer in den oberen Stockwerken bekommen hat, kann man einen weiten Blick aufs Meer genießen. In der Ferne sieht man den Hafen, den die Franzosen beherrschen wie eh und je, die alten Paläste der Deutschen, und man kann direkt nach Ghana hinüber sehen, zur Grenzstation. Unten fahren die großen Lastwagen, nahe am Meer, wo der Strand beginnt, führt die Pan-Africana vorbei, die Straße, die die Länder an der Westküste verbindet.

Menz summte vor sich hin, es klopfte. Zwei junge Polizisten traten ein, zaghaft, in schlecht sitzenden Uniformen. Sie sahen aus wie Kinder, die Polizei spielten. Aber Menz sollte sich wundern.

»Asseyez-vous!«, sagte der dickere von den beiden. Menz fühlte sich sofort an seine Schulzeit erinnert. Diese Worte hatte Oberstudienrat Christian Lenzer stets seinen Schülern entgegengeschleudert, wenn er das Klassenzimmer betrat. Vorher hatten sie gefälligst stramm zu stehen. Der Polizist wiederholte sich und als Menz immer noch nicht verstehen wollte, dass dies ein Befehl war, trat er nahe an ihn heran und drückte ihn auf einen Stuhl.

Menz war nicht gewohnt, so behandelt zu werden, eine alte Wut kroch in ihm hoch. Als er in seiner Tasche nach dem Handy suchte und der dicke Polizist als Reaktion darauf nach seiner Waffe griff, breitete sich in Menz rationale Ruhe aus.

Er sei Gast der Deutschen Botschaft und genieße Immunität.

Sofort entschuldigte sich der andere Polizist in akzentfreiem Deutsch für seinen Kollegen und betonte, sie seien davon ausgegangen, hier ein schwules Liebesnest vorzufinden.

»Wie bitte?«, entgegnete Menz, »da müssen sie einen falschen Hinweis bekommen haben. Ich habe Sie rufen lassen, damit Sie mir helfen. Mein Zimmer ist durchwühlt worden, besser, jemand hat hier eingebrochen und alles auf den Kopf gestellt.«

»Dürfen wir uns setzen?«, fragte jetzt der freundlichere Polizist und begann die Personalien aufzunehmen. Er sah sich den deutschen Pass an und das Visum, während der Dickere durch den Raum stolzierte und insbesondere das Bad inspizierte, die Waschutensilien erregten seine Aufmerksamkeit.

»Was machen Sie in Togo?«, fragte der Polizist. Menz erklärte ihm, was vorgefallen war. Er schwärmte von seinem Theater in Deutschland und dass es seit vielen Jahren eine Zusammenarbeit mit Togo gebe, dass das Goethe-Institut in Lomé Mitinitiator sei. Da nickte der Afrikaner zustimmend und unterbrach ihn.

»Ja, ja«, sagte er, »da habe ich mein Deutsch verbessert, bevor das Gebäude vom Volk gestürmt wurde und völlig abbrannte. Und jetzt?«

»Jetzt will ich wissen, wer meinen Schauspieler ermordet hat.«

Schweigen.

»Das fällt nicht in unsere Zuständigkeit«, knurrte der Dicke auf Französisch.

»Wer ist denn zuständig?«, fragte Menz den anderen.

»Können Sie mir dazu mehr erzählen?«

Und Menz erzählte: Seine Gruppe sei vor zwei Wochen nach Togo aufgebrochen. Ein kleines Team, bestehend aus dem Schauspieler Hans Keuthen, der Dramaturgin Asmara Köpper und dem Techniker Antonio Secco. Sie hätten gemeinsam mit den Theaterleuten von Lomé geprobt und seien dann in den Norden aufgebrochen, um das Stück in Sokodé und den umliegenden Dörfern aufzuführen.

Der Polizist hörte konzentriert zu und fragte immer wieder nach, er wollte Einzelheiten wissen und auch, was für ein Stück gespielt worden war.

»*Ein Schlag für den Kaiser* heißt die Komödie, und handelt von der Zeit, als Togo eine deutsche Kolonie war«, antwortete Menz.

»Kritik an unserer Regierung?«

»Nein.«

»Dann bin ich beruhigt.«

Der Dicke wurde ungeduldig, rutschte auf seinem Stuhl hin und her, stand auf, ging ans Fenster und blaffte dann los: »Wir müssen jetzt gehen, haben noch andere Dinge zu tun als den Mist dieses Deutschen anzuhören.«

Menz tat, als habe er nichts verstanden. Die Tür ging auf. Trenk erschien mit einem Sicherheitsbeamten der Deutschen Botschaft und erkundigte sich, ob die Polizisten den Einbruch denn ordnungsgemäß aufgenommen hätten.

Die fast schon vertraute Atmosphäre zwischen den Dreien verflog augenblicklich, es wurde hochoffiziell. Der Dicke benahm sich überhöflich, salutierte, der andere gab den Neuankömmlingen die Hand und beide versicherten, sich bald bei Menz und Trenk zu melden.

Trenk schloss die Tür hinter ihnen und fragte: »Was war das denn?«

»Ein ziemlich dreister Überfall und zwei durchaus eingeweihte Polizisten.«

Der BKA-Beamte schaute sich gründlich um, im Bad entdeckte er nichts Auffälliges, aber er fotografierte die Räumlichkeiten und bemerkte nur, das der Taser ihm in Togo wenig nützen würde, wenn es einmal darauf ankäme.

Sie wollten den Botschafter bitten, eine Verbalnote an das Innenministerium der Republik Togo zu richten.

Dann bemerkte Trenk: »Ihre Leute warten auf Sie.«

Sie fuhren mit dem Aufzug nach unten und gingen den Flur entlang nach draußen in den Garten, wo die Schauspielergruppe versammelt war. Was für ein Anblick! Die togoischen Spieler, fünfzehn an der Zahl, saßen bedrückt auf dem Rasen, Asmara und Menes, der togoische Regisseur, kamen ihnen entgegen. Asmara umarmte ihn. Menes sah vollkommen fertig aus, so als habe er mehrere Tage nur geweint.

Er klopfte Menes auf die Schulter: »Du hast keine Schuld, wenn es einen Schuldigen gibt, so bin ich das. Ich habe Hans überredet, nach Togo zu gehen.«

Die Sonne schien, vom Meer kam ein feuchter, heißer Wind. Menz bestellte Limonade und Wasser und sie setzten sich zu den anderen. Sie erzählten noch einmal alle Details des Tages, an dem Hans verschwunden war, und langsam entstand ein Bild davon, was geschehen war. Menz versuchte sich zu konzentrieren, alles zu speichern, Trenk schrieb mit.

Hier in Lomé waren sie mit ihrem Theaterstück erfolgreich gewesen. Sie hatten gemeinsam mit einer Schulklasse *Un coup pour le kaiser* auf dem alten Bahngelände einstudiert. Das Stück erzählt die Geschichte, wie der deutsche Kaiser die Kolonie Togo besuchen will, ein ganzes Dorf sich darauf vorbereitet, darüber streitet, die deutschen Kolonialbeamten liebt und verflucht. Es ist wie bei *Warten auf Godot*: Der Kaiser kommt nie.

Das Stück war lustig, man konnte sich amüsieren. Sie spielten auf Marktplätzen und an größeren Busstationen, überall da, wo viele Menschen zusammenkamen. Straßentheater in Togo, das war neu, man durfte lachen, über die Mächtigen, die Weißen und die Schwarzen. Aber wer über die Mächtigen lacht, ist nie sicher.

Im Stadtteil Noukafou waren es zunächst fünfzig Zuschauer, am Ende über siebenhundert...

Zwei Tage später fuhr das Ensemble mit einem Bus in den Norden, um auch dort aufzutreten. Sie wurden in Sokodé herzlich empfangen, aber schon am nächsten Tag waren Unruhen gegen das korrupte Regime ausgebrochen. Das Militär wollte die Proteste im Keim ersticken, es wurde gewalttätig. Die euphorische Stimmung in der Theatergruppe schlug um, sie bekamen Angst.

»Wo sind eigentlich die Kinder, die mitgespielt haben, sind sie zu Hause?«, unterbrach Menz.

»Ja, alle sind gesund wieder bei ihren Eltern.«

Menes fuhr fort: »Dann kam das Militär, schoss in die Luft und in die Menge, einfach so, als wären es Wasserpistolen. Menschen fielen um, darunter sechs Schüler aus dem Lycée supérieur. Hans war nach vorne gestürmt und hatte geschrien: ›Mörder!‹. Ich hatte ihn weggezogen, ins Hotel geschleppt und ihn vergraben unter Kissen und Wasser und Schnaps. Wir heulten, bis wir dachten, der Spuk wäre vorbei. Er war natürlich nicht vorbei. Drei Tage konnten wir das Hotel nicht verlassen und versuchten herauszufinden, ob die Straßen für eine Rückfahrt sicher waren. Eines Abends trafen wir in der Hotelbar Abas Lemgo.

Abas, einer der Anführer der neuen demokratischen Bewegung, saß einfach da und trank Bier. Asmara und unsere togolesischen Schauspieler kamen dazu, alles junge, hoffnungsvolle Leute, denen Abas aus der Seele sprach. Irgendwann fiel uns auf, dass Hans weg war, verschwunden, mitten in der Nacht.

Wir hatten weiter diskutiert und weiter getrunken. Zum Abschied appellierte Abas an Asmara: »Erzähl zu Hause, was du gesehen hast, damit diese Schweine keine Gelder mehr bekommen.«

»Wie meinst du das?«, wollte Asmara wissen.

»Erst haben uns die Franzosen ausgebeutet, dann kamen die Deutschen und waren freundlich zu uns.«

»Freundlich?«

»Ja, sie haben uns unsere Sprache nicht geraubt und es gab weniger Hinrichtungen. Aber als Togo wieder französisch wurde, kamen Menschen wie Charles de Gaulle, Nikolas Sarkozy und die ganze Familie Vincence Dellore.«

»Und was war mit Strauß?«, wollte Asmara wissen.

»Er hat zwar der Diktatorenfamilie in den Hintern geblasen, aber die Togoer mögen ihn, weil man nach Deutschland ohne Visum reisen konnte.«

Wir gingen schlafen. Hans blieb verschwunden. Wir gingen aufs Polizeirevier, aber dort lachten sie uns aus. Sie legten ihre schmutzigen Stiefel auf den ramponierten Schreibtisch, tranken Tee, starrten auf den flimmernden Bildschirm eines alten Fernsehapparates und ignorierten uns einfach. Asmara war keine Autorität für diese Männer. Also machten wir uns selber auf die Suche nach Hans, tagelang zogen wir durch die Stadt, die im Ausnahmezustand war. David und Barzin sprachen immer wieder Kinder an, die aber wollten nur Asmara anfassen, um zu prüfen, ob das Weiß ihrer Haut abfärben würde.

Ein kleiner Junge mit nur einer verstümmelten Hand humpelte uns entgegen und zog an Barzins Hemd, er bückte sich, das Kind flüsterte ihm etwas ins Ohr. Plötzlich liefen die beiden los, wir hinterher, schnell und immer schneller, bis zu einem Wassertümpel. Polizeiwagen, ein alter Transporter und ein Krankenwagen standen davor. Zwei Sanitäter schälten gerade eine Leiche aus einem Stück dreckigen Stoff. Es war Hans. Ein schrecklicher Anblick.

Sie legten ihn auf eine Bahre und schoben ihn in den Tranporter. Die Polizisten sprachen nicht mit uns, sondern scheuchten uns weg.

»Wir bringen ihn nach Lomé«, rief ein Offizier ihnen noch zu, »da können Sie ihn abholen.«

Wir blieben zurück mit dem Kind, das uns von nun an folgte wie ein geprügelter Hund.

»Nehmt mich mit!«, flehte er, aber Barzin schüttelte den Kopf.

Atamana, so hieß der Junge, war gefoltert worden, von seinem eigenen Bruder. Er hatte ihn wie ein erlegtes Tier an einen Baum gefesselt, ihm Pfeffer in die Augen gestreut und wollte ihn in der sengenden Hitze sterben lassen, austrocknen, wie er es nannte. Er hatte ihm die Arme so fest verschnürt, dass sie nicht mehr durchblutet wurden, und das alles, weil er überzeugt war, dass sein Bruder ein Hexer sei. Ein Hexer, der ihn töten wollte.

Ein Verwandter befreite das Kind und brachte es ins Krankenhaus, wo man ihm eine Hand abnehmen musste. Die andere Hand und seine Füße blieben verstümmelt.

Am nächsten Morgen fuhren wir zurück nach Lomé. Es herrschte bedrückende Stille in unserem Kleinbus, bis Asmara Barzin nach dem Jungen fragte.

»Ja, das passiert dauernd in Sokodé und in den kleinen Dörfern, es ist Voodoo. Ich habe Atamana zu Creuset gebracht, einer katholischen Hilfsorganisation, die sich um solche Kinder kümmert.«

Am Abend kamen wir in Lomé an und gingen in unsere Pension, ein kleines Hotel, das von einem Franzosen betrieben wird. Asmara fand in ihrem Zimmer einen Zettel mit der Nachricht, dass du am nächsten Tag in Lomé ankommen würdest.«

Felix und der Präsident (Juni 2016)

Felix war schon immer ein Glückskind gewesen. Er war im Sommer 1966 in die Präsidentenfamilie geboren worden. Ihm blieben die Armut und der Dreck der Straße erspart. Seitdem er denken konnte, trug er frische Wäsche, wurde gehätschelt, in einer Staatskarosse gefahren, nur seine Augen blieben traurig und die Voodoo-Priester erzählten sich, es käme von der Mutter, die das Kind in großer Schuld gezeugt habe. Felix war ein Bastard, aber einer der die Stammesfehden zwischen Ewe und Kabiyé aufzuheben vermochte, wenn seine Zeit kommen würde. Von Anbeginn waren der Norden und der Süden Togos verfeindet, aber er, der eine Ewe zur Mutter hatte und einen Kabiyé zum Vater – so die offizielle Version –, galt als Zeichen einer neuen Zeit. Kaum war der Vater tot, hoben ihn die Offiziere, die weitestgehend aus dem Stamm der Kabiyé waren, auf das Schild: ein Präsident der Zukunft und des Dialogs. Felix reiste gerne und die Deutschen waren ihm noch immer fremd, aber einer Laune folgend ließ er seinen Botschafter in Berlin einfach mal anfragen, ob der Präsident, der Pastor, ihn wohl empfangen würde.

Der Dialog ist das essentielle Element unserer Gesellschaft und die Deutschen lieben das Gespräch, schrieb Felix auf Facebook. Er lachte und schlug sich auf die Oberschenkel. Er war zufrieden. Wichtige Politiker hatte er in Deutschland getroffen. Der Bundespräsident war höflich und charmant, redete unentwegt und Felix war erstaunt, wie klein und überschaubar das Schloss eines Präsidenten in Deutschland war. *Bellevue ist nicht Neuschwanstein,* postete er und wusste, dass seine Mutter schon einmal das Schloss des bayerischen Königs besichtigt hatte.

Er war gewappnet gewesen auf unbequeme Fragen, auf menschelndes Mitleid, auf Vorwürfe wegen der Menschenrechtsverletzungen oder gar wegen der Korruption in Togo. Aber zu seinem Erstaunen: Niemand interessierte sich dafür. Die Kanzlerin redete über ihre Flüchtlinge, der Präsident über die Toten an der deutschen Mauer während der DDR-Zeit und Felix hörte zu. Alle Menschen seien Brüder, sagte Gauck. Felix nickte und Gaucks Partnerin korrigierte ihn, *Geschwister* seien sie, aber Gauck hörte gar nicht hin. Er tat nur so. Felix kannte diese Mimik aller Pfarrer oder Missionare.

Es war ein herrlicher Sommer in Deutschland, nur nicht so feucht, wie in seiner Heimat. Im Park des Schlosses Bellevue rannten die Katzen über den Rasen und jagten Vögel. Man trank Wein von der Saale und Felix mahnte: »Aber es werden immer mehr zu Ihnen kommen, wenn wir nicht mehr Gelder für Entwicklungsprojekte bekommen, das wissen Sie.« Er lächelte wie ein Schelm. Das sah lustig aus bei seinen traurigen Augen. Wie ein schwarzer Clown. Später gab er einer bayerischen Tageszeitung ein Interview:

> Mit der Unterstützung aus China hat sich in Afrika einiges geändert. Es wurde ein Kontinent der Hoffnung. Es gab einen Konjunkturaufschwung, die Schulden gingen zurück. Auch die Anzahl der Konflikte ist zurückgegangen. Doch in den letzten Jahren hat sich diese Entwicklung wieder umge-

kehrt. Wenn wir das nicht in den Griff bekommen, werden die Probleme größer werden. Es ist wichtig, dass Industrienationen und Entwicklungsländer eng zusammenarbeiten, etwa bei der Lösung des Wasserproblems. Sonst wird es zu weiteren Migrationsströmen kommen.

Sein Kalkül war aufgegangen. Papa hatte ihn nicht umsonst studieren lassen. Er hatte Bundespräsident Joachim Gauck am 18. März 2012 herzlich zur Wahl gratuliert. In der togoischen Presse stand klar und deutlich, Gaucks Vorgänger sei abgelöst worden wegen Korruption. Korruption in Deutschland? Felix musste wieder lachen, als er sich daran erinnerte, und dann war dieser Christian Wulff auch noch freigesprochen worden. Wie dem auch sei, sie waren gut zu ihm, und er war gut zu ihnen.

»Ich bin Protestant«, log Felix die Kanzlerin und den Bundespräsidenten an. Die beiden strahlten wie Honigkuchenpferde. Es ging sie nichts an, dass ihm keine Religion geheuer war und er nur dem Voodoo vertraute. Sie flanierten durch das Schloss, vorbei an der Bildergalerie der ehemaligen Präsidenten. Felix blieb stehen, deutete auf das Bild eines alten, verstört drein blickenden Herrn und sagte zu Gauck: »Der war auch einmal in Togo. Und ich würde mich freuen, auch Sie in Lomé begrüßen zu dürfen.« Gauck nickte freundlich.

Nach der Verabschiedung fuhr Felix in sein Hotel, das Adlon. Am Nachmittag hatte er vor, die togoische Botschaft in einem Vorort Berlins zu besuchen. Er war zufrieden mit sich und der Welt. Seine Zeit würde kommen. Er legte die Füße hoch und bestellte sich einen doppelten Whisky. Kurz danach klopfte es und das Gewünschte wurde auf den Salontisch gestellt. Von hier aus konnte er das Brandenburger Tor sehen, oben drauf die Quadriga. Felix liebte Pferde, und vielleicht würde er in Lomé eine Trabrennbahn errichten. Man könnte Wetten abschließen und sogar etwas Geld machen. Solche Dinge interessierten ihn mehr als das Gesundheitssystem seines Landes. Felix war immer ein Träumer gewesen. *Meine dicke Maus* hatte seine Mutter ihn genannt, weil er ein Wonnebrocken gewesen war. Seinen Vater hatte er selten gesehen, der Bulle war entweder auf der Jagd oder im Ausland. *Seltsam, diese Deutschen,* dachte er, *freundlich und alles wohl geordnet.* Felix wunderte sich, dass ihn keiner angesprochen hatte auf Sylvanus Olympio, den sein Vater auf dem Gewissen hatte. Mit ihm wäre alles anders geworden in Togo. Sie hätten eine eigene Währung, hätten sich befreit vom französischen Joch. Togo gehörte Frankreich, nein, besser, Togo gehörte Charles-Henri Dellore. Ein Typ, der morgens, wenn er nicht auf Reisen war, die bretonische Küste entlang rannte. Wie ein Irrer, wie ein bretonisches Pferd.

Felix' Handy klingelte, er erkannte die private Nummer seiner Mutter.

»Bist du bei den Deutschen, mein Junge?«, fragte sie und er antwortete brav: »Ja, sie sind sehr nett zu mir und haben alles vergessen, was damals war.«

»Sie tun nur so, Felix, bleib auf der Hut. Sei du auch zuvorkommend, du brauchst hier einen weiteren Bündnispartner. Die Franzosen alleine machen dich fertig.«

Er nickte, dann sagte er: »Lass mich nur machen, Mama. Ich bekomme das schon auf die Reihe.« Noch einige freundliche Worte, einen Kuss per Telefon, und er legte auf.

Er spielte mit seinem neuen iPhone, dann schlief er im Sessel ein. *Es ist anstrengend, ein Nanguibe-Präsident zu sein,* dachte er noch und dann träumte er schon von Pferden, Antilopen und Frauen, während seine alte Mutter mit dem Admiral ins Bett stieg. Es wurde langsam dunkel in Berlin, und in Togo war es schon tiefe Nacht.

Menz war früh aufgewacht

Menz war früh aufgewacht. Er konnte auf dem Ozean die vor Anker liegenden Schiffe sehen. Die Positionslichter blinkten, und es war gar nicht so leicht auszumachen, ob die Schiffe in Fahrt waren oder auf Reede. Langsam wanderte sein Blick vom Strand über die große Straße zum Parkplatz des Hotels. Er sah nahe bei den Mülleimern, wie ein Mann einer Frau unter den Rock griff und sie ihn zwischen ihre Schenkel nahm. Menz beobachtete das Paar weiter, locker und lässig sah das aus. Kurz darauf schlenderten die beiden über den Hof, jeder zu einem anderen Eingang. Menz legte sich noch einmal hin, aber er konnte nicht mehr einschlafen.

Es klopfte an der Zimmertür. Zimmerservice. Menz stand mühsam auf, zog sich Hemd und Hose an und entschuldigte sich. Die Frau lächelte. Er nahm seinen Geldbeutel und das Handy und ging frühstücken, Ananas und gebratene Wurst. Die Menschen um ihn herum sprachen französisch und englisch. Menz versuchte seine Gedanken zu ordnen.

Im Hotel fand gerade ein Kongress statt. Juristen aus afrikanischen Ländern beratschlagten, wie man gegen Folter und staatliche Willkür vorgehen könnte. Menz wollte mit ihnen Kontakt aufnehmen, aber er fand keine Gelegenheit, einen der Delegierten anzusprechen.

Er hatte sich mit seinen Schauspielern und Trenk für den Nachmittag verabredet, er wollte noch etwas alleine sein. Er trank noch einen Kaffee, ging dann auf sein Zimmer. Dort griff er nach seiner Mütze und der Sonnenbrille, betupfte die Nase mit Sonnencreme und verließ das Hotel.

Rechts lag der Ozean, also nahm er die Straße, die links abbog. Augenblicklich war es vorbei mit der Beschaulichkeit: Taxifahrer hielten an und wollten ihn irgendwohin fahren, Kinder kamen, um ihn anzufassen, trauten sich aber nicht, aus Angst oder Respekt. Es war ihm lästig. Er wollte doch nur durch die Straßen schlendern und sich vorstellen, wie sein Schauspieler diese ihm fremde Welt wohl empfunden hatte.

Er sah das Maison de Justice mit der weitschweifigen Treppe davor und stieg hinauf. Der große Gerichtssaal stand offen, vorne die Tribüne, davor Bänke, auf denen Menschen lagen und dösten. Es war der Ort, an dem über Tod und Leben verhandelt wurde, aber wenn Richter und Staatsanwälte Feierabend hatten, kam das Volk und forderte sein Recht ein, sich in dem kühlen Raum auszuruhen und zu schlafen, denn dann hatte die feuchte Hitze die Stadt voll in ihrem Griff.

Alle Augen waren auf den weißen Mann gerichtet. Was tat der hier, was interessierte ihn? Aber niemand behelligte ihn. Menz stieg die Treppe wieder hinab. Er hatte sich in Deutschland einen Stadtplan aus dem Internet heruntergeladen, nun wollte er eine »richtige« Karte von Togo aus Papier kaufen.

Er suchte eine Buchhandlung, seinen Satz hatte er schon vorbereitet: »Avez-vous une carte topographique de Togo?«

Aber all seine Bemühungen blieben erfolglos. Die Händler, die ihm versprachen, ihn zu einer Buchhandlung zu führen, wollten nur ihre Töpfe und Tücher verkaufen. Einmal fand er einen Laden, wo es Schulsachen gab. Er sah dort Mütter, Großmütter und Väter, die ihre bitter ersparten Centimes hinlegten, um ihrem Kind ein Schulheft zu kaufen und einen billigen Bleistift. Ihre Kinder sollten es besser haben, das war ihre Hoffnung. Schule und Bildung waren die einzige Möglichkeit, der Armut zu entkommen. Zugleich spürte er, wie sie schon jetzt ahnten, dass alles vergeblich war, dass das Geld nie reichen würde, dass die Geschichte sich immer wiederholte. Wer arm war, blieb arm – und er, Menz? Glück gehabt, woanders geboren. Europa, gelobtes Land. Langsam entspannte er sich.

Dann stand er vor dem Nationalmuseum, zahlte und ging hinein. Welch ein trostloser Ort. Ein Elefantenzahn, ein paar Trommeln, ein paar Dokumente und Fahnen. Mehr hatten die Deutschen und die Franzosen nicht zurückgelassen? Er wollte schon wieder gehen, da stieß er auf den Salle de Voodoo, ein kleines Zimmer. Erstaunt drehte sich ein Mann um und blickte ihn an.

»Was suchen Sie?«, fragte er.

Menz murmelte vor sich hin: »Vielleicht suche ich nach einem Mörder – es könnten auch mehrere sein.«

Als hätte der Mann genau diese Antwort erwartet, sagte er: »Gehen sie zehn Meter geradeaus und dann nach links, da sind beide: Täter und Opfer.«

Menz ging in den Saal, es war der Saal der Präsidenten.

Neben dem Porträt von Nanguibe Antoine, fett, aufgedunsen und brutal, hing das vergilbte Foto eines anderen Mannes. Er hatte zarte Gesichtszüge und lockiges Haar, er lächelte. Er trug ein weißes, kragenloses Hemd, über die Schulter war ein Tuch mit einem typisch togolesischem Muster geworfen. Seine Schläfen waren grau. Unter beiden Porträts fanden sich die Lebensdaten. Sylvanus Olympio war 1963 61 Jahre alt geworden, der andere hatte ihn um über vierzig Jahre überlebt. Menz musste tief durchatmen.

Der Mann aus dem Voodoo-Raum war ihm anscheinend gefolgt. Er deutete auf die beiden: »Der Mörder und sein Opfer«, sagte er, bog um die Ecke und war verschwunden.

An diesem Ort erklärte sich togoische Geschichte: Ein fetter Teufel und ein zarter Engel. Der Täter und sein Opfer. Diktatur und Demokratie.

Eine Schulklasse zog in die ansonsten menschenleeren Museumsräume ein. Lachende Kinder und ratlose Lehrer irrten durch die Gänge. Als zwei kleine Jungs ihn sahen, kicherten sie. Die Lehrer machten »Pssst«. Und Menz antwortete »Pssst«, sodass die Kinder wieder lachten und die Lehrer die Köpfe schüttelten, bis auch sie ihre strengen Mienen aufgaben und ihrerseits lachten. Das afrikanische Lachen über die Welt. Daraus hätte ein Konzert werden können. Menz fühlte sich, als wäre er angekommen, als sei dies seine Begrüßungsmelodie: »Pssst, Psst,Pssssst.«

Er ärgerte sich, dass er sich nicht besser vorbereitet hatte auf das Land, er wusste nur, dass Togo quasi der Besitz der Familie Nanguibe war und dass die Franzosen und die Deutschen einen gehörigen Anteil daran hatten.

Offenbar folgte auf Sylvanus Olympio nicht sofort der dicke, schwarze Mann, ein anderer Name war aufgeführt, aber es gab kein Porträt dazu. Kein Wunder, er war nur zwei Tage Präsident gewesen. Auf ihn folgte ein schwarzer Pole, Nicolas Grunitzky, der blieb immerhin vier Jahre an der Macht. Erst danach kam die Familie Nanguibe, Antoine als erster. Das waren keine sympathischen Erscheinungen, der Wille zur Macht strotzte nur so aus ihrem Blick.

Noch etwas wusste er: Antoine Nanguibe und Franz-Josef Strauß waren enge Freunde gewesen. Was das im Einzelnen bedeutete, davon hatte er keine Ahnung.

Menz wurde hungrig und verließ das Museum. Wieder wurde er verfolgt, diesmal von Motorrad-Taxis. Ungeduldig wehrte er die jungen Männer ab, die wiederum gar nicht verstehen konnten, wie ein Weißer zu Fuß gehen wollte, einfach so. In seinem unbeholfenen Französisch rief er ihnen zu: »Je suis un flâneur!« Was die Sache keineswegs einfacher machte. Er suchte das Zentrum, weg von den Regierungsgebäuden und Banken. Er hatte auf einem Schild gesehen, dass es eine alte katholische Kathedrale gab, deren Turm er bald erkennen konnte.

Er unternahm einen zweiten Versuch, eine Landkarte zu kaufen, doch der weißhaarige Mann schüttelte den Kopf: »Sie haben uns schon früher keine Karten gegeben. Wir sollten uns nicht orientieren können.«

Menz tauchte immer tiefer ein in das Gewimmel der engen Gassen, es begann ihm Spaß zu machen. Er verlor seine Angst. Was hatte er mehr zu verlieren als sein kleines Leben? Er summte vor sich hin, fühlte sich wohl in diesem schwarzen Strom von Menschen, die auch ohne ihn und all die anderen Weißen ihr Leben lebten.

Die Kathedrale war eingezäunt und verschlossen. Er roch den Ozean, das Salz im Wind. Als er gerade umkehren wollte, kam ihm ein älterer Mann entgegen. Er sei der Mesmer und für ein paar Centimes würde er ihn durch die Kirche führen.

Die Kathedrale zum Heiligsten Herzen Jesu war ein großer heller gotischer Bau. »Die Kirche wurde im Jahre 1902 von den Deutschen errichtet«, sagte sein Führer und ging durch die Bankreihen. Menz blieb vor einem Bild stehen. Ein nackter Jesus, unbedeckt auch sein Geschlecht, er hielt die Hand seines Jüngers Johannes. Jesus blickte auf den Boden, fast schüchtern. Auf seine Fragen, wer dies gemalt hätte, aus welcher Zeit das Bild stamme, bekam er keine Antworten.

Felix saß in seinem schwarzen Mercedes

Felix saß in seinem schwarzen Mercedes. Die Fenster waren abgedunkelt. Der Fahrer fuhr im Schneckentempo. Felix gähnte und studierte dabei den Haushaltsplan seiner Regierung für das kommende Jahr. Sein Finanzminister hatte ihn zu überreden versucht, die Gehälter der Regierungsbeamten zu erhöhen. Aber Felix war standhaft geblieben. Wollte er wirklich eine Chance haben, auf Dauer an der Macht zu bleiben, so musste er zumindest der Presse und der Opposition glaubhaft vermitteln, dass er bereit war, Umverteilungen in Togo vorzunehmen.

Sie hielten vor dem Haus des Bürgermeisters von Lomé, Konteradmiral Fodjin Adelan. Der schmale, vornehme Herr wartete an der Haustür; als Felix anhalten ließ, ging er auf den Wagen zu und öffnete den Fond.

Felix spöttelte: »Was verspricht mir die Ehre?« Eigentlich hatte er *Was verschafft mir die Ehre* sagen wollen, aber seine kleine Fehlleistung offenbarte, worum es ging. Fodjins Amtszeit endete bald, und in regelmäßigen Intervallen erlaubte sich der Präsident, seine Bürgermeister wieder, neu oder eben gar nicht mehr mit dem Amt zu betrauen.

»Bürgermeister werden nicht gewählt«, hatte ihm Trenk später erklärt, »das ist fast so wie in Bayern und Baden-Württemberg, nur heißt es dort: *Einmal gewählt, immer gewählt.*«

Felix umarmte den Freund seiner Mutter. Sie hatten inzwischen Frieden geschlossen, aber als Kind hatte er ihn gehasst. Immer hatte er gespürt, dass etwas nicht stimmte, dass seine Mutter vermutlich schon seit Jahren mit diesem Mann ein Verhältnis hatte. Sein Vater schien es zu dulden, dafür musste es irgendeinen Grund geben.

»Komm herein, mein Junge«, sagte der schlanke Seigneur zu dem etwas plump wirkenden Präsidenten. »Deine Mutter ist auch schon da. Und ich bitte dich dringend, das Thema Vaterschaft heute nicht mit ihr zu erörtern. Es geht ihr gesundheitlich weitaus schlechter, als man auf den ersten Blick vermutet.«

Felix unterschätzte man leicht, er wirkte plump, aber er war schnell im Kopf und sehr sensibel. Seine zweite Amtszeit als Präsident erfüllte er mit mehr Souveränität, und er wollte Klarheit haben über seine Herkunft. Doch wichtiger war ihm: Er wollte wissen, auf wen er sich in seinem Umfeld verlassen konnte. Druck übte er leise und unauffällig aus. Manchmal nahm er Aufrührern nur den Job weg und damit ihren Familien Brot und Bett, manchmal genügte eine Warnung, etwa bei einer Schlägerei verletzt zu werden, in anderen Fällen verschwanden Menschen aber auch einfach so.

»Ich versichere dir, dass du der Sohn deines Vaters bist. Aber ich will nicht verhehlen, dass ich deine Mutter schon geliebt habe, als er noch lebte.«

Felix legte ihm die Hand auf die Schulter: »Wir lassen dieses Thema für heute ruhen. Ich bin inzwischen nicht mehr der Spielball eurer Gefühle und Intrigen, und ich bin frei in meinen Personalentscheidungen.«

Adelan nickte, die Rollen zwischen Vater und Sohn, väterlichem Freund und Sohn hatten sich verändert.

In Felix stiegen Erinnerungen auf. Immer hatte sein Vater zwischen ihm und seiner Mutter gestanden, nie hatte er den Sohn ernst genommen, und wenn der seiner Mutter Zuneigung zeigte, kam immer der gleiche Kommentar vom Vater: »Memmen, das sind eben Memmen, diese Ewe, ein Volk ohne Stolz, dumme Fischer, die nie etwas anderes sein werden als dumm und Fischer.«

Worauf seine Mutter schlagfertig antwortete: »Nimm dich in Acht vor Mawu, sie hat die Welt geschaffen, nicht du. In deinen Augen sieht man, dass du bereits verhext bist. Felix ist ein Kabiyé und ein Ewe zugleich. In seinen Adern fließt auch dein Blut.«

Er hasste diesen Vater, wenn er ihn als Bastard bezeichnete. Je nach Laune war er ein Ewe-Bastard oder – wenn der Vater ihn gerade ins Herz geschlossen hatte – wechselte er in den Stamm der Kabiyé und wurde von ihm gehätschelt und liebkost.

»Ja, er ist ein Kabiyé, so wie ich. Er ist ein Mann.« Felix verhielt sich dann möglichst unauffällig und genoss sein Glück.

Sabine, seine Mutter, war die zweite Frau des großen Antoine, und sie war die einzige, die ihm widersprach. Sie war es auch, die die Familienehre hoch hielt und wie eine Löwin verteidigte.

Felix setzte sich an den Tisch, wo schon seine Mutter wartete, trank ein Glas Wasser und sagte zu Fodjin gewandt: »Ich werde dich für weitere zwei Jahre zum Bürgermeister von Lomé ernennen. Du machst deine Arbeit gut. Aber danach müssen jüngere Leute in diese Position kommen.«

Adelan blickte gar nicht erst auf von der Dorade, die er sich vom Grill hatte bringen lassen. Man merkte ihm keinerlei Gefühlsregung an. Der libysche Bedienstete blickte dezent zur Seite und legte noch eine Zitronenscheibe auf den Fisch. Schließlich antwortete Fodjin: »Darüber können wir ja noch einmal in Ruhe sprechen, mein Junge, aber ich danke dir, dass du einem Ewe wie mir vertraust.«

Felix schwieg. Bald wechselten die Themen. Adelan war sich sicher, dass die Aufstände im Norden keine Bedrohung für die Familie darstellten. Er hielt sie für gesteuert von einer Handvoll Islamisten. Aber Felix hatte bessere Informationen von der Securite erhalten. Längst waren Mitglieder der Bischofsämter in die sozialen Aufstände einbezogen, und die Studenten an den Universitäten von Sokodé und Kara bekamen materielle Unterstützung von Togoern aus dem belgischen Exil.

Sie waren froh, dass die Aufstände im Norden derzeit abgeflaut waren. Aber Sabine warnte: »Du wirst erst dann die Kontrolle über die Demokratiebewegung haben, wenn du die Universität in Sokodé beherrschst und genügend Posten für Verräter aus der Opposition geschaffen hast.« Die alte Dame lehnte sich selbstgefällig in ihrem Stuhl zurück und trank ein Glas Rotwein.

Die öffentliche Debatte um die Begrenzung von Felix' Amtszeit schien derzeit keine Rolle zu spielen. Felix wusste genau, dass er gegen die Verfassung der Republik verstieß, wenn er erneut kandidierte. Ähnlich wie in der Präsidialverfassung Amerikas war eine dritte Amtszeit als Präsident ausgeschlossen. Die meisten Staatsmänner Afrikas missachteten dieses Gebot mit mehr oder weniger gut klingenden Argumenten. In einem waren sie sich aber einig, gleichgültig, ob sie Muslime oder Christen waren: Sie fühlten sich als Heilsbringer der Nation.

Felix hatte schon genug damit zu tun, sich vor den Wünschen und Begierden seiner Mutter zu retten. Sie wollte einen immer größeren Einfluss für ihre Brüder in den Ministerien, sie wollte große Ländereien im Norden als ihr Eigentum übertragen haben, vor allem in den Bergen von Assouakoko, mitten in Togo, wo die Chinesen Lithium vermuteten.

»Du bist erst fünfzig, Felix, du hast dein Leben noch vor dir und wenn es uns gelingt, auch den nächsten Präsidenten der

Grande Nation für uns einzunehmen, stehen dir weiterhin alle Türen offen.«

Sein Handy klingelte.

»Maxim?«, hörte man seine Stimme fragen. Die beiden anderen wussten sofort, mit wem er sprach.

»Maxim«, wiederholte er, stand auf und verließ telefonierend den Raum, um im Garten weiter zu sprechen. Als er zurückkam, war seine Stimmung im Keller. Er stocherte im Reis herum.

Als dann seine Mutter auch noch sagte: »Ich wollte mit dir über deinen Halbbruder Kpatcha sprechen und fragen, ob er gut genug im Gefängnis bewacht wird…«, schmiss er seine Gabel auf den Tisch, fixierte seine Mutter mit einem langen, eiskalten Blick und zischte sie an:

»Was willst du, abrechnen? Den Präsidenten demütigen? Die Familie zusammenhalten oder sie zerstören?«

»Ich wünsche mir vorallem, dass du dich bei deinen Entscheidungen nicht zu sehr von deinem Geheimdienst beeinflussen lässt und dass die Agence des Renseignements dein eigenes Denken nicht ersetzt. Das ist alles. Und jetzt kannst du gehen. Du kannst mit deinem Auto über Land jagen oder neue Frauen auftun, du kannst auch laut singen oder einfach einmal ein gutes Buch lesen. Aber manchmal solltest du eben doch auch auf mich hören, mein Junge, und nicht denken, ich wollte dir etwas Böses. Deine Offiziere sind nicht automatisch auf deiner Seite.«

Mutter und Sohn musterten sich lange gegenseitig. Es war nicht leicht für Felix, ihrem Blick stand zu halten. Er musste ihr vertrauen, trotz der vielen Verletzungen, die er durch sie durchlitten hatte. Wenn es um den Machterhalt ging, war sie eine sehr klug taktierende alte Dame.

Und Adenan musste er im Grunde dankbar sein. Hatte er ihm nicht eine lästige Aufgabe abgenommen, indem er sich täglich um diese alte Hexe gekümmert hatte? Seltsam, es war, als überkäme Felix auf einmal eine Zuneigung zu Adenon.

Aber eines war klar, er wollte der biologische Sohn seines Vaters sein, und der hieß Antoine Nanguibe und hatte Togo 38 Jahre lang regiert.

Felix stand auf. Er schaute die beiden an, lächelte dem Mann seiner Mutter ins Gesicht, drehte sich um und verbeugte sich, leicht, ganz leicht, und ging zu seinem Wagen. Der Chauffeur hielt die Türe auf, warf den Motor an und brauste davon. Wer ihm nachsehen konnte, sah, dass der Präsident bereits wieder telefonierte, und wenn man zugehört hätte, hätte man den Satz: *Maxim, was ist mit dem Jungen passiert?*, gehört.

Trenk und das BKA

Als Menz ins Hotel zurückkam, übergab ihm der Mann an der Rezeption eine Notiz. Er solle doch bitte am späteren Nachmittag in die Botschaft kommen, Trenk erwarte ihn dort, es gebe neue Erkenntnisse. Menz nahm den Fahrstuhl. Er war durchschwitzt und froh, die Klimaanlage anschalten zu können. Er wollte eine E-Mail nach Hause schreiben, seine Tochter wartete darauf. Aber kaum lag er auf dem Bett, war er auch schon eingeschlafen. Jemand klopfte an die Tür.

»Ja, bitte!«, rief er benommen.

»Zimmerservice«, kam die vertraute Stimme, »der Fahrer der Botschaft wartet auf Sie.«

»Ich komme gleich«, antwortete er und schleppte sich ins Badezimmer. Sollte er duschen oder genügte es, wenn er sich Wasser ins Gesicht spritzte? Er entschloss sich für die Dusche. Eilte dann die Treppe hinab, lief durch die Lobby des Hotels und sprang in den BMW des Botschafters. Sie fuhren keine fünf Minuten, vom Hotel IBIS musste man nur den Boulevard Charles de Gaulle hinabfahren, linker Hand lag das Meer, nur wenige Kilometer weiter bereits Ghana. Togo ist nur ein schmales Handtuch in Westafrika.

Ein gewaltiger Bau aus Ziegeln und Beton, kaum zu sehen von der Straße, umgeben von unüberwindbaren Mauern, das war die Deutsche Botschaft, das Verwaltungsgebäude, das Wohnhaus des

Botschafters und die Residenz der Kanzlerin. Alle drei Häuser waren miteinander verbunden. Sie lagen in einem großen Park mit Hügeln und kleinen Seen. Menz war verwundert, dass die Bundesrepublik Togo so wichtig nahm, hatte das Land doch gerade einmal sechs Millionen Einwohner und schien ökonomisch völlig uninteressant. Phosphor gab es hier, sonst nichts.

»Das war halt mal unsere Kolonie«, sagte Trenk, »da gibt der deutsche Staat schon etwas mehr aus, um die Residenz angemessen auszustatten.« Neben ihm stand Frau Rehmann, die Kanzlerin der Botschaft, eine freundliche, zuvorkommende Frau.

Sie führten ihn durch das Haus. An den Wänden hingen die Porträts aller ehemaligen Botschafter, darunter ihre Namen und Dienstzeiten. Es wirkte, wie Trenk selbst einräumte, alles sehr feudal. Sie kamen in einen kleinen Konferenzsaal, wo schon Kaffee samt Bahlsen-Keksen direkt aus Deutschland auf sie warteten. Solange der neue deutsche Botschafter in Lomé noch nicht ernannt war, führten die Kanzlerin und Trenk die Geschäfte. Das sei eher günstig für sein Anliegen, denn der vorherige Botschafter, Dr. Lenz, habe jegliche Konflikte mit der togoischen Regierung vermieden. Frau Rehmann hingegen vertrat die Ansicht, dass es auch die Aufgabe der deutschen Diplomatie sei, in diktatorisch geführten Ländern die demokratische Idee Europas zu propagieren und zu vertreten.

Rehmann und Trenk wollten wissen, seit wann er in Togo Theater-Koproduktionen initiieren würde.

»Seit 2008.«

Und auf die Frage, wie lange er Menes Alfa kenne, gab er die gleiche Antwort. Es war kein unangenehmes Gespräch.

Während sie sprachen, kam ein junger Mann herein und setzte sich unaufgefordert mit an den Tisch. Menz wunderte sich und fragte, wer er sei. Er sei vom BKA, war die Antwort. Ob dies ein

Verhör sei, wollte Menz wissen, worauf der BKA-Beamte unverhohlen sagte: »Kein Verhör, aber wir würden das Gespräch gerne protokollieren, als quasi informelle Vernehmung.«

Gleich darauf folgte die nächste Frage: »War Hans schwul?«

»Ich weiß nicht, was diese Frage soll, es sei denn, Sie hätten vor, ihn deswegen zu kriminalisieren.«

Der BKA-Mann schüttelte den Kopf, und als ob er eine Art Vertrautheit herstellen wollte, gab er Menz die Hand und stellte sich mit Namen vor: »Gerster, Hans«, sagte er, »mein eigener Bruder lebt in einer schwulen Lebenspartnerschaft. Ich habe da keinerlei Probleme und Sie?«

Menz zuckte zusammen: »Ob ich schwul bin, fragen Sie?«

»Nein«, mischte sich Dr. Trenk ein, »er fragt nur, ob Sie ein Problem damit gehabt hätten in ihrer Funktion als Theaterintendant und Chef.«

Menz schüttelte nur den Kopf.

»Ich war in Deutschland, als Hans hier ums Leben kam. Aus Ihren Worten höre ich heraus, dass sein Tod sexuelle Motive haben könnte?«

»Wir vermuten so etwas, es könnte eine Attacke des Militärs gegen schwule Männer gewesen sein.«

Sie schwiegen eine ganze Weile, bis Frau Rehmann sagte: »Wir teilen Ihre Ansicht, dass man nicht nur die Mörder finden muss, wir müssen auch deutsche Bürger, die sich hier in Togo aufhalten, schützen. Aber wir haben keine vertrauenswürdigen Partner, weder im Militär noch in der Regierung.«

»Ich glaube«, sagte Hans Gerster, »es ist besser, wenn Ihre Leute und Sie bald zurückfliegen.«

»Kann ich eine Zigarette haben?«, fragte Menz.

Gerster zog eine Packung aus der Tasche und bot ihm eine an. Menz bat um Feuer. Dann erhob er sich und sagte:

»Ich möchte bleiben. Ich möchte noch etwas Zeit in Togo verbringen und auf meine Art versuchen, Klarheit zu schaffen.«

Frau Rehmann hatte sich ebenfalls erhoben und sagte mit besorgter Miene: »Auf jeden Fall würde ich Ihre gesamte Gruppe gerne morgen Abend zu mir einladen. Wir können uns besser kennenlernen, allgemein über die Lebensbedingungen in Togo sprechen, gemeinsam über das weitere Vorgehen nachdenken und dabei etwas essen. Ich erwarte Sie alle morgen um 19 Uhr in meiner Residenz.«

Bevor sie auseinandergingen, unterrichtete sie Gerster noch über den Stand der Ermittlungen. Das BKA in Wiesbaden und die Krisenstelle des Auswärtigen Amtes seien übereingekommen, dass es sich vermutlich um eine Tötung im schwulen Milieu von Sokodé handelte und dass keine politischen Motive dahinter stünden. Es werde ausschließlich in diese Richtung ermittelt. Der Außenminister Togos, Robert Dussey, habe die Unterstützung des Landes zugesichert.

Trenk räusperte sich, Frau Rehmann schüttelte den Kopf und Menz war ratlos: »Und Sie?«, fragte er, »Was denken Sie?«

Gerster schwieg und sagte damit mehr, als er wollte.

Der Menschenfischer

Menz hatte darauf bestanden, dass Asmara ihre Unterkunft wechselte. Er wollte sie in seiner Nähe haben, im IBIS. Lange nachdem Menz das Hotel verlassen hatte, frühstückte Asmara und lief dann über die große Straße ans Meer. Die alte Landungsbrücke lag in der Sonne, sie sah Dutzende von Kindern, die nackt am Strand spielten und bis zu ihren Fußknöcheln im Wasser standen. Weiter hinein durften sie nicht, das hätte ihren Tod bedeuten können, so mächtig waren die Strömung und die Wellen.

Straßenhändler wollten ihr Schmuck verkaufen und Kugelschreiber, aber Asmara nahm sie gar nicht wahr. Sie stierte auf das Wasser. Was hatte sie falsch gemacht? Wo war sie achtlos gewesen? Was wusste sie wirklich über Hans? Er war immer eher ängstlich gewesen, und sie wusste, dass Menz ihn überredet hatte, nach Afrika zu gehen. Er war die ideale Besetzung für die Rolle eines weißen Kolonialbeamten. Lang und asketisch, wie er war, wirkte er manchmal hölzern, und er sprach ein gutes Französisch. Die anderen Spieler mochten ihn, und vor allem hatte er einen guten Draht zu Kindern.

Was war falsch gelaufen? Es war richtig gewesen, in Sokodé nicht zu kneifen, sich zu beteiligen an den Aufständen und Theater endlich politisch zu denken. Wann aber war ihnen und konkret ihr etwas aus der Kontrolle geraten?

Asmara machte sich Vorwürfe.

Sie setzte sich in den Sand und zog die Schuhe aus. Ein kleines Mädchen hockte sich neben sie, bestaunte und befingerte ihre Schuhe, sprang dann unvermittelt auf und verschwand.

Unter der ungeheuren Kraft des Meeres drohte der alte Landungssteg auseinanderzubrechen. Noch standen kleine Hütten darauf, in denen Menschen wohnten, mit Plastikplanen zusammen gezurrte Holzkonstruktionen. Asmara wollte sich gerade erheben, als zwei Männer mit Pferden auf sie zu galoppierten, immer schneller. Zunächst dachte sie, die beiden wollten einen Scherz mit ihr treiben, aber dann begriff sie, dass das ein Angriff war. Sie taxierte die Entfernung, begann zu laufen, immer kürzer wurde der Abstand, sie schlug einen Haken und rannte auf das offene Meer hinaus, verlor den Boden unter den Füßen. Ein Pferd scheute, der andere Reiter versuchte noch, ihr ins Meer zu folgen, dann galoppierten sie davon, bald waren sie nicht mehr zu sehen.

In diesem Augenblick wurde Asmara von einer mächtigen Welle ergriffen und fortgespült. Sie war eine gute Schwimmerin, aber als sie merkte, dass die Strömung sie ins offene Meer zog und ihre kraftvollen Bewegungen nicht ausreichten, sie nicht dagegen ankommen konnte, war sie der Verzweiflung nahe. Sie schrie laut. Drei alte Männer sahen ihr zu, gleichgültig oder wissend, dass sie keine Chance hatte und dass auch sie keine Chance haben würden. Völlig erschöpft ließ sie sich vom Wasser tragen und versuchte Kraft zu sammeln. Dann kämpfte sie noch einmal mit allen Mitteln gegen die Strömung an und spürte bald, dass es zwecklos war. So trieb sie in süd-östlicher Richtung davon, immer weiter weg. Kein Boot löste sich vom Strand, kein Warnsignal war zu hören, all dies gab es nicht, nur schwerfällige Einbaumboote, bunt bemalt in einer Zeit, als es noch Farbe gegeben hatte.

Plötzlich stieß ihr Körper gegen etwas, etwas Metallenes. Es war der letzte Pfosten der Landungsbrücke von Lomé, vor einhundertfünfzig Jahren errichtet, seit Ewigkeiten nicht mehr benutzt, verfallen und marode. Sie klammerte sich daran fest. Sie zog ihren Körper aus dem Wasser und hing an dem Pfosten. Das war keine Landungsbrücke mehr, es waren dort, wo einmal der Steg entlang führte, nur noch Reste von Balken und manchmal eine Holzplanke. Dann sah sie das Tau und den Mann über sich, der es hielt, der dann auch ihre Hand ergriff und sie nach oben zog.

Da lag sie. In der Mittagssonne. Gerettet aus dem großen Meer, wie eine Flüchtige, wie ein Kind, das nicht wusste, was mit ihm geschah. Der junge Mann sprach Englisch und als sie nicht reagierte, wechselte er ins Deutsche. Dieudonné sei sein Name, er habe einmal als Lehrer gearbeitet. Jetzt lebe er als Fischer auf den Planken dieses verrotteten Steges. Asmara blinzelte, sie war so erschöpft, dass sie ihn kaum verstand. Er brachte sie zu seinem Bretterverschlag. Es war die letzte Hütte auf der Brücke.

»Hier ist meine Wahlheimat, aber was machst du in Togo?«

Asmara winkte ab und schlief ein.

Als sie erwachte, stand eine Flasche frisches Wasser neben ihr. Der Mann saß auf dem Boden, vor sich ein Buch. Immer noch war die See aufgewühlt und die Luft feucht. Asmara sah, dass Dieudonné versucht hatte, die kleine Hütte mit Tauen zu sichern, eine bunte Mischung aus Plastikdrähten, Resten von Hanfseilen und Tauen aus Algen und Bambus.

»Ich bring dich jetzt zurück«, sagte er, »sonst bekomme ich noch Ärger. Du wohnst im IBIS, habe ich gehört«.

Asmara nickte und folgte ihm wortlos. Sie balancierten über die Planken der Brücke. Die anderen Bewohner dieser merkwürdigen Welt beobachteten sie, manche lachten, andere blieben stumm.

»Dieudonné ist ein Menschenfischer, so wie Petrus. Jetzt hat er sich eine weiße Frau geangelt!«, rief einer hinter ihnen her.

In der Rezeption angekommen, sah sie ihr Spiegelbild und erschrak.

Aus der Lobby lief ihr Menz entgegen. Er nahm sie in die Arme und sagte: »Wir dachten, du wärst nicht mehr am Leben.«

Sie wollte ihm den fremden Fischer vorstellen, aber der war schon verschwunden.

Menz ließ sie auf ihr Zimmer bringen, bestellte einen Arzt und verständigte Trenk in der Botschaft. So ging der dritte Tag zu Ende. Der Rückflug der kleinen Theatergruppe sollte sich verzögern. Asmara war noch zu schwach, der togoische Arzt hatte ihr Ruhe verordnet und ein Medikament, das sie nicht einnahm.

Am nächsten Tag wurde sie von einem Zivilpolizisten vernommen, der vor allem an der Person des Retters interessiert war, aber da die Vernehmung in der deutschen Botschaft stattfand, waren die Umstände zivilisiert. Asmara behauptete, sich nicht an das Gesicht ihres Retters erinnern zu können und schaute den Polizisten dabei so unschuldig an, dass er ihr glaubte. Das Protokoll wurde für sie übersetzt und dann von allen unterschrieben.

»Wir werden die Reiter finden«, sagte der kleine Polizist in seiner zu großen Uniform, »so viele Pferde gibt es ja nicht mehr in Lomé.« Er salutierte und verließ mit einem merkwürdigen Lächeln das Gelände der Botschaft.

Sie saßen noch im Konferenzraum der Botschaft zusammen. Sie konnten nicht viel tun. Hans war tot, Asmara hatte man versucht zu töten, die Menschen im Norden Togos begehrten auf und niemand wusste so recht, wie es weiter gehen sollte.

Am nächsten Tag folgten sie der Einladung der Kanzlerin. Frau Rehmann wollte ihnen zum Abschied eine Freude machen. Denn am darauffolgenden Tag sollten Asmara und Antonio zurück nach Deutschland fliegen.

Sie hatte sieben Kinder, sah aus wie der junge Morgen, und ihr Mann, ein französischer Journalist, hatte für alle Gäste gekocht. An den Wänden hingen Bilder französischer Impressionisten, Cézanne, Monet, Gauguin, Renoir und Sisley.

»Alles Kopien«, erklärte Maurice, »die habe ich in Indonesien malen lassen. Sie geben uns das Gefühl, nie aus Frankreich weg gegangen zu sein.« Seine Frau schlang ihren Arm um seine Taille.

Asmara war sehr still und Antonio Secco spielte auf der Gitarre. Trenk hatte sogar seine Frau mitgebracht, Menes unterhielt die anderen deutschen Gäste mit Geschichten aus dem alten Togo und Menz bewegte sich zwischen den vielen kleinen Gruppen, die auf der Terrasse, im Park und im Wohnzimmer platziert waren. Frau Rehmann hatte noch einige andere Künstler eingeladen, einen Märchenerzähler, einen Trommler, einen Schriftsteller und einen Professor der Universität von Lomé.

Es war eine freundliche, doch keineswegs überschwängliche Atmosphäre, man spürte, dass etwas auf der Gruppe lastete, und da man sich untereinander nicht kannte, war es schwer, die bleierne Last in Worte zu fassen.

Soweit Menz den Märchenerzähler verstand, ging es in seinen Geschichten um eine böse Königsfamilie, in der der Vater den Sohn vergewaltigte und ein Voodoo über die Familie kam. Alle klatschten, nur Ihou Wateba, der Professor, blieb in sich gekehrt und still. Menz lud ihn zu einem kleinen Spaziergang durch den Park ein.

Wateba wollte wissen, ob sich wegen des Toten schon etwas ergeben habe.

»Es wird niemals aufgeklärt werden, wer Ihren Schauspieler umgebracht hat, weil der Staat es nicht will.«

So deutlich hatte es noch niemand gesagt. Wateba erzählte, dass er erst vor kurzem aus der Haft entlassen worden sei. Der Vorwand für seine Festnahme war lächerlich gewesen: Er hätte dem Sohn eines hohen Politikers der RPT eine schlechte Note gegeben und dies aus rein politischen Gründen.

»Sie wissen, dass ich seit Jahren diese Diktatur bekämpfe«, sagte Ihou.

Auf die Frage, wie es ihm in der Haft ergangen sei, schüttelte Ihou den Kopf und sagte knapp: »Fragen Sie nicht.«

Als Menes dazu kam, verstummte Wateba keineswegs, im Gegenteil, es schien, als seien die beiden miteiander vertraut. Wateba erklärte Menz, dass nach seiner Auffassung der Konflikt zwischen der demokratischen Opposition des Landes und der Regierung eskalieren würde.

»Felix bekommt Angst und das ist schlecht«, ergänzte Menes.

»Wir bleiben isoliert, Europa interessiert sich nicht für unsere Probleme, sondern im Gegenteil, unterstützt die Regierung. Und es gibt Gerüchte, dass sie Abas Lemgo umbringen wollen.«

Frau Rehmann kam mit einer Flasche Wein.

Asmara trat aus dem Haus. Sie wollte sich verabschieden: »Ich werde bald ins Hotel gehen und packen, keine Angst, Antonio geht mit mir.«

Als sie am nächsten Morgen mit Antonio, dem Bühnentechniker zur Passkontrolle ging und Menz ihnen nachwinkte, entdeckte sie Dieudonné. Er stand am Gepäckschalter und nickte ihr zu, als hätte er schon ewig auf sie gewartet.

»Ich bin seit gestern hier und habe alle Maschinen abgepasst, die nach Deutschland fliegen!«

Sie war überrascht, bekam einen roten Kopf und ein schlechtes Gewissen, weil sie sich nicht bei ihm bedankt hatte. Er lächelte, schüttelte den Kopf und drückte sie an sich. Dabei steckte er ihr einen Zettel zu. Bevor sie hinter der Schleuse verschwand, konnte sie Menz zurufen: »Das ist mein Lebensretter! Kümmere dich um ihn!«

Menz ging auf Dieudonné zu und streckte ihm die Hand entgegen.

Asmara musste eine Leibesvisitation über sich ergehen lassen. Dabei entdeckte die Polizistin das kleine Stück Papier.

»Aha«, sagte sie, »er liebt sie.«

Möwe 3

Menz hatte sich vom Flughafen zum Strand fahren lassen. Er ging gern in die eine oder andere Bretterbude, dort gab es kalte Getränke. In der Bar Obama musste man im Voraus zahlen. Einer der Jungs lief dann los und wenn man Glück hatte, gab es nach zwanzig, dreißig Minuten das Gewünschte. Hier saß Menz jetzt. Er musste nach Sokodé reisen, wie sollte er sonst verstehen, was geschehen war, wenn er den Ort nicht kannte, wo Hans verschwunden war? Sollte er alleine fahren? Trenk fragen? Oder...? Eigentlich würde er die Reise am liebsten zusammen mit Menes unternehmen. Er stand auf und ging den kurzen Weg in sein Hotel.

Das IBIS hatte einen großen Park mit Swimming-Pool. Er sprühte sich ein gegen die Moskitos und schlenderte über das Gelände. Vor dem Tor warteten stark geschminkte, junge Frauen auf Freier und alte, europäische, überwiegend belgische oder französische Stenze schlichen um sie herum.

Menz ging zur Bar, er hatte ein Vokabelheft dabei und bestellte sich ein Bier. Nach kurzer Zeit legte er das Heft zur Seite. Es war albern. Es war zu spät. Er war zu alt. Die Wörter purzelten ihm aus dem Kopf heraus. Schon die Lektüre der dünnen, togoischen Tageszeitung war ihm nur schwer möglich.

Er war in einem Land, in dem Homosexualität verboten war, und die schreckliche Wunde, an der Hans gestorben war, deutete zweifellos daraufhin, dass der Mord etwas mit seinen sexuellen Neigungen zu tun hatte. Hatte er einen Freier gesucht, sich gar verliebt?

Ein Kellner tippte ihm von hinten auf die Schulter: »Sie kommen aus Deutschland?«

Menz nickte.

»Mein Urgroßvater war Deutscher, wie man an meiner hellen Haut erkennen kann.«

Und tatsächlich, Menz blickte auf und sah in das Gesicht eines kaffeebraunen, ausgesprochen schönen Mannes.

»Ja, Sie sind ein hübscher Mann.«

Der Kellner lachte: »Mein Urgroßvater wurde deshalb aus der Armee entlassen.«

Die Bar war inzwischen bis auf den letzten Tisch besetzt, sodass ein älterer Herr, ein Brite, darum bat, bei ihm Platz nehmen zu dürfen, was Menz gerne erlaubte. Der Kellner zog sich zurück und der Brite stellte sich vor, ein pensionierter Historiker, er begann sofort zu dozieren: »Wohlgemerkt«, sagte er, »das ist eine alte deutsche Kolonie und da haben wir Engländer gar nichts mit zu tun gehabt. Wir waren hier nicht die Bösen.« Das Dorf Togo, in dem der alte Reichskommissar Gustav Nachtigal am 5. Juli 1884 einen Protektoratsvertrag mit drei Häuptlingen geschlossen hatte, lag ungefähr hundert Kilometer östlich von Lomé. Lomé hingegen war 1877 am offenen Sandstrand gegründet worden, als die britische Administration der Gold Coast Colony die Grenze nach Aflao vorgeschoben hatte. Die Deutschen setzten am 5. Juli 1884 einen Grenzpfahl und die Kolonie, die sie dann später Togo nannten, war geboren.«

Menz hörte geduldig zu, trank dabei sein Bier und kam langsam zur Ruhe. Die Wortfetzen flogen an ihm vorbei und die historischen Ereignisse wurden zu einem inneren Film:

»Dr. Nachtigal fährt mit dem Kriegsschiff Möwe 3 von Little Pop nach Togoville, der Protektoratsvertrag wird geschlossen, ohne Gewalt und ohne Bestechung, Expeditionen eilen in den Norden, Reichskanzler Bismarck versucht zu telegraphieren. Kein Anschluss unter dieser Nummer. Aber Togo wird zu einer Musterkolonie mit Eisenbahn und Großfunkstation, Lehrbücher entstehen, Vokabelhefte Ewe-Deutsch, geheime Mischehen. Gouverneure wie Jesko von Puttkamer, Adolf zu Mecklenburg-Schwerin und Admiral von Doering. Und dann fängt alles an zu kippen, die wirtschaftlichen Interessen der Deutsch-Togolesischen Gesellschaft dominieren, der Erste Weltkrieg. Erst werden die Engländer, dann die Franzosen die neuen Herren...«

Menz fiel die Bierflasche aus den Händen, sie rollte auf den Boden. Er erwachte aus seinem Sekundenschlaf.

»Sorry, Mr. Sullivan.«

Sullivan lächelte. Er kenne das schon, er rede zu viel, aber irgendwas bleibe doch immer hängen. Sie erhoben sich und gingen zurück durch den Garten ins Foyer des Hotels.

»Monsieur«, rief der Rezeptionist, »eine Nachricht für Sie.«

Menz öffnete den Umschlag: »Hole dich morgen Mittag um 12 Uhr ab. Menes.«

Im siebten Stock

Menz erwachte um sechs Uhr in der Früh. Die Sonne ging gerade auf. Er hatte sich ein anderes Zimmer geben lassen, war jetzt noch weiter oben im siebten Stock. Weit ab vom Trubel der Stadt, weg von der Armut der Straße. Er zog sich an und ging in den Frühstücksraum.

Er war nun schon länger in Togo, vieles war zur Routine geworden, er und sein Fall verloren an Bedeutung. Der Leiter der Kulturabteilung, mit dem er seine Gastspiele organisiert hatte, war plötzlich nicht mehr zu sprechen, er war beschäftigt, wenn er anrief. Die Sekretärin war freundlich, aber mehr auch nicht. Er klappte sein Notebook auf. Das Internet funktionierte. Sein Sekretariat hatte sich gemeldet und wollte wissen, wann er zurückkomme, die städtische Kulturverwaltung hatte die Dienstreise auf wenige Tage zusätzlich beschränkt. Und in Deutschland fand die Beerdigung von Hans statt. Ohne ihn.

Auf einem Stuhl lag die Tageszeitung *République Togolaise*. Er las, dass der Hafen von Lomé Rekordumsätze mache, die Polizei in Sokodé mehrere Aufständische verhaftet habe. Dann fiel sein Blick auf ein Foto von Hans. Es zeigte eine Szene aus dem Theaterstück. Hans trug einen Tropenhelm und einen Tropenanzug. Unter dem Bild stand, dass der Schauspieler in einer Bar ums Leben gekommen sei, als er junge Togolesen sexuell attackiert habe.

Mein Gott, was schrieben die da?

Menz mailte Asmara, erkundigte sich, wie es ihr ginge, und bat sie, ihm aufzuschreiben, was sie über Hans wusste, sehr wohl wissend, dass er damit die geforderte Diskretion eines Arbeitgebers überschritt. Dann beauftragte er seine Assistentin in Deutschland, eine förmliche Strafanzeige wegen des Mordes an einem deutschen Staatsbürger im afrikanischen Ausland zu stellen.

Er stand auf, holte sich noch etwas Ananas und wartete auf Menes.

Der Mann im Hintergrund

Unten am Hafen wurden täglich Dutzende von Schiffen entladen, abgewrackte LKWs brausten durch die Zollbarrieren, fuhren über die große Hafenstraße nach rechts und nach links, nach Ghana, Benin, an die Elfenbeinküste und nach Nigeria. Der Hafen von Lomé war erst vor sechs Monaten auf den neuesten technologischen Stand gebracht worden. Riesige neue Kräne entluden Containerschiffe aus China, die Drecksarbeit unten an den Kais machten neben den togoischen Proleten auch Akademiker, all jene, die der Staat nicht brauchen konnte, Historiker, Germanisten, Philosophen oder Politikwissenschaftler, kurzum der Abschaum, wie Felix sie nannte. René war so einer.

Er war lange in der Schauspielgruppe von Menes gewesen, hatte immer gehofft, dass sie irgendwann Erfolg hätten, im Fernsehen gezeigt werden oder nach Europa auf Tournee gehen würden. Daraus war nichts geworden. Zerplatzte Träume. Er musste jetzt für ein paar Centimes das Räderwerk der großen Lastkräne ölen, um sein schäbiges Zimmer bezahlen, etwas zu essen kaufen und gelegentlich in die Diskothek gehen zu können. Chantal, seine Freundin, hatte ihn längst verlassen, nicht ohne seine wenigen Habseligkeiten mitzunehmen.

René war verbittert und fluchte vor sich hin. Er wollte gerade pinkeln gehen, an einer Ecke zwischen den Containern, als eine

Fahrzeugkolonne an ihm vorbeiraste. *Da sitzt er drin, der Franzose, mit einem Tross von Beratern und seinen schwarzen Schergen,* dachte er. Er spuckte aus.

Charles-Henri Dellore achtete nicht auf die schwarzen Arbeiter. Ihm gegenüber saß Alfred Lugner, der für den Ausbau des Hafens zuständige Ingenieur einer großen deutschen Firma.

Charles-Henri telefonierte mit seiner Frau und kündigte an, an einem der kommenden Tage wieder in Paris zu sein. Er hatte tiefe Falten im Gesicht. Dennoch sah er noch immer aus wie ein großer Junge, nur mit grauem Haar. Ein freundliches Gesicht, das über die Skrupellosigkeit, mit der er in Afrika Geschäfte machte, hinweg täuschte.

»Wir haben es geschafft, Alfred«, sagte Dellore, auch er war multilingual, Deutsch war die Sprache seiner Großmutter gewesen. Lugner nickte nur, ihm machte die feuchte Hitze zu schaffen.

»Der Hafen von Lomé ist der größte Containerhafen von West- und Zentralafrika«, fuhr er fort, »Schiffe mit einer Tiefe von 15,5 Metern fahren ein und transportieren Container mit einer Stellplatzkapazität von fünfzehntausend TEU. Und das Tollste ist, er ist im Privatbesitz der Familie Dellore, nichts und niemand kann ihn uns streitig machen.«

»Doch«, antwortete Lugner knapp, »eine Revolution, das müsstest du als Franzose doch wissen.«

»Ach komm, lass uns eine Kleinigkeit essen«, sagte Dellore, »ich lade dich ein ins IBIS, da gibt es gute afrikanische Küche.«

Lugner blieb hartnäckig:

»Hast du unsere Auseinandersetzung mit Progrosa schon vergessen?«

»Alfred, du musst dich halt stärker in den zivilgesellschaftlichen Niederungen engagieren. Es gibt in Deutschland in den Kirchen eine Bewegung, die die Kolonialgeschichte gründlicher aufarbeiten will und das betrifft dich und mich. Die Deutschen und die Franzosen.«

»Was schlägst du vor?«

»Du wirst Präsident der Deutsch-Französischen Gesellschaft und spendest für das *Forschungsprojekt – Aufarbeitung der Kolonialzeit 1873 bis 1961* – damit bekommst die Deutungshoheit.«

»Raffiniert. Ich denke darüber nach.«

Als sie vor das Eingangsportal des Hotels vorfahren wollten, stand dort schon ein alter Opel Astra, aus dem gerade der schwarze Fahrer ausstieg und die Treppen hoch gehen wollte. Ein Weißer kam ihm entgegen, *Ende fünfzig,* schätzte Lugner. Die beiden umarmten sich. *Ungewöhnlich,* dachte Lugner. Dellores Chauffeur wurde ungeduldig und hupte. Da drehte sich der Weiße um und zeigte ihnen den Stinkefinger. Lugner wollte schon aus dem Auto springen und ihn zur Rede stellen, aber Dellore hielt ihn zurück.

»Bitte kein Aufsehen. Den Typen da merken wir uns, könnte ein Belgier sein.«

Währenddessen waren die beiden anderen ins Auto gestiegen, der alte Opel wurde gestartet, wobei er eine dunkle Qualmwolke ausstieß. Sie fuhren einen Bogen und grinsten im Vorbeifahren Dellore direkt ins Gesicht.

Nun konnte ihr Chauffeur endlich vorfahren. Er öffnete den Herren den Fond des Wagens und die beiden Geschäftsleute betraten die Lobby. Lugner winkte den Rezeptionisten herbei, wollte ihm einen Zehndollarschein zustecken und fragte: »Wer waren die beiden, die gerade eben weggefahren sind?«

Aber der Mann schüttelte den Kopf. »Tut mir leid, das darf ich Ihnen nicht sagen, Gäste unterliegen meiner Schweigepflicht.«

Lugner war völlig perplex und steckte sein Geld wieder ein.

»Was ist?«, fragte Dellore.

»Ach nix, entweder ist der andere mächtiger als wir oder die in

Togo haben den Datenschutz entdeckt. Aber wir bekommen auch so heraus, wer er ist.«

Sie aßen Doraden und beratschlagten dabei, wie sie auch in Zukunft sämtliche Kontrollen des togoischen Zolls umgehen könnten, es wären dafür nur ganz einfache bauliche Veränderungen nötig, eine Straße, die in kurzer Zeit gebaut, direkt nach Benin führen könnte. Die Frage, die Dellore umtrieb, war nur, ob er die Chinesen beteiligen sollte oder nicht.

Gläser zerschellten auf dem Boden. Einer jungen Kellnerin waren sie aus der Hand gerutscht, sie wurde von ihrem Vorgesetzten vor allen Leuten laut ausgeschimpft.

Lugner blickte auf, er meinte, er hätte sie schon einmal gesehen.

»Die sehen ja auch alle gleich aus«, lachte Dellore.

Sein Handy klingelte, seine Frau rief an. Er sprach nicht viel, hörte zu, dann sagte er: »Au revoir, Chérie.«

Er steckte sich eine Gitanes an und betrachtete Lugner.

»Eine deutsche Zeitung hat bei ihr angerufen und gefragt, ob ich in Afrika krumme Geschäfte mache. Kommt das von dir?«

»Wie meinst du das?«

»Ich meine nicht, dass du das initiiert hättest, aber hast du Probleme in Deutschland?«

Lugner schüttelte den Kopf. »Ich habe keine Ahnung. Welche Zeitung war das? Ich werde bei der Hanns-Seidel-Stiftung nachfragen.«

Die Fahrt nach Sokodé

Menes wollte mit Menz zu sich nach Hause fahren. Er wollte, dass seine Familie ihn kennenlernte. Sie wollten zusammen essen, dort übernachten, und am nächsten Morgen losfahren. Er war müde. Seine Augen taten ihm weh. Und er war aufgeregt.

»Nicht jeden Tag fährt man mit einem Weißen in seine kleine Hütte«, meinte er.

Menz hatte schon nach kurzer Zeit begriffen, wie prekär das Leben für die Künstler in Togo war. Keiner verdiente mit Kunst auch nur ein Centime, alle waren immer auf Jobsuche. Trenk hatte ihm bestätigt, dass der Kunstetat von Togo bereits mit der Auszahlung der Gehälter an den Minister für Kultur und seine engsten Mitarbeiter erschöpft war.

Menz erkannte die Bar Obama, kurz danach bogen sie ab nach links, der Wagen hoppelte, setzte mehrmals auf, dann kamen sie zu einer Wasserkloake, Menes gab Gas, der Motor gurgelte, das Wasser spritzte zur Seite, sie hatten es geschafft. Das Auto war nicht zu stoppen.

»Deutsche Wertarbeit«, grinste Menes.

Dutzende von Kindern versammelten sich vor dem kleinen Haus, drängten sich um das Auto, wollten Menz anfassen, wollten wahrgenommen werden, riefen: »Muzungu!«

Das Tor öffnete sich, und eine schlanke, junge Frau begrüßte Menz. Sie lächelte schüchtern und lief zurück in die Küche. Die Küche war ein Raum, in dem auf dem Boden eine Feuerstelle war, eingefasst mit Ziegelsteinen. Darauf kochten in einem Topf wunderbar riechender Reis und große Fische, die Lilly am Morgen vom Markt geholt hatte. Alles war einfach, aber es gab ein Wohnzimmer mit Sitzgelegenheiten und einem Tisch, Masken hingen an den Wänden und in einer Ecke stand ein Fernseher. Lillys Mutter kam, sie hinkte, den Blick auf den Boden gerichtet.

»Komm Mutter«, rief Lilly, »du kannst einen weißen Mann berühren.«

Menz mochte diese Art zu scherzen, er fühlte sich aufgenommen, und tatsächlich, die alte Frau fasste in sein graues Haar, nahm seine Hände in ihre und segnete ihn.

Auch die zwei kleinen Töchter waren da. Sie aßen zusammen. Die Männer tranken Bier und diskutierten. Nein, die Frauen schwiegen nicht, sie mischten sich ein, die Mutter sprach von einem besonderen Voodoo. Und Lilly, die Sprachen studiert hatte, sprach Englisch.

»Die Diebe geben jetzt Ruhe«, sagte Menes, »wir haben ein Bündnis geschlossen. Lilly unterrichtet ihre Kinder und sie brechen nicht mehr bei uns ein. »Die Diebe«, das waren seine Nachbarn, die von Drogenhandel und Einbrüchen lebten.

Es war ein friedlicher Abend. Nach kurzer Zeit klopfte es an das Hoftor, René kam herein und stand unsicher, wie überflüssig, auf der kleinen Terrasse. Man merkte, dass Menes seine menschenscheue Art schon kannte und sich deswegen Zeit ließ, bis er René aufforderte, sich hinzusetzen und gefälligst mitzuessen.

Das kleine Haus hatte drei Zimmer, die Mutter und die beiden Kinder zogen sich bald zurück. Lilly und die drei Männer unterhielten sich, hörten Musik, tranken Bier.

Später bereitete Lilly für Menz im Wohnzimmer ein Bett. Menz war aufgeregt, morgen würde er die Stadt verlassen und in die Wildnis fahren, raus aufs Land, in die Savanne, die Steppe, den Regenwald.

»Togo ist Afrika für Anfänger, es droht kein Krieg, die Islamisten bleiben im Norden, das meiste Großwild ist abgeschossen und die Epidemien haben uns im wesentlichen verschont. Du musst also keine Angst haben.«

Menz schlief gut, obwohl es feucht und heiß war, nur sein Rücken schmerzte etwas. Die beiden Mädchen kamen in sein Zimmer und kicherten, kurze Zeit später waren sie wieder weg, sie mussten zur Schule. Lilly hatte heißen Tee gemacht.

Wie schön sie ist, dachte Menz, während er jede ihrer Bewegungen bei der Zubereitung des Frühstücks beobachtete. Später steckte er sich nach langen Monaten wieder einmal ein Zigarillo an, das er in einer kleinen, luftdicht verschlossenen Dose als Notreserve dabei hatte.

Sie stiegen in den alten Opel, Lilly winkte, dann zuckelten sie los, durch das Wohnviertel, bis sie zur asphaltierten Straße kamen. Menes hupte noch einmal, dann gab er Gas.

»Du darfst nicht denken, dass ich mir ohne deine Hilfe jemals ein Auto leisten könnte«, sagte er, »und vielleicht schadet es mir auch im Viertel, weil die Nachbarn denken, ich sei jetzt reich geworden. Aber es macht mir Spaß, auch wenn mir dadurch die Last, die auf meiner Seele seit dem Mord an Hans lastet, nicht genommen werden kann. Hans wurde bestialisch gefoltert. Keiner von uns wird das je vergessen können und ich habe wenig Hoffnung, dass wir die Mörder finden werden.«

Menz räusperte sich und wusste nicht so recht, was er sagen sollte.

Die Straßen waren verstopft mit Lastwagen und kleinen Bussen.

Menz war froh, durch diesen Verkehr gefahren zu werden. Er vertraute Menes vom ersten Augenblick an.

Der erste Augenblick: Menz war auf eine Staatsreise eingeladen worden. Er sollte als Theaterintendant den deutschen Außenminister begleiten, einen Sozialdemokraten, der für sich die Kultur entdeckt hatte als eine weitere Kommunikationsmöglichkeit zwischen den Nationen. Menz war skeptisch, wie oft hatte er das schon erlebt. Er hatte eine Weile überlegt, ob er tatsächlich mitreisen sollte, am nächsten Tag hatte die Neugier gesiegt. Heute gestand er sich ein, dass es weniger die Neugier gewesen war als der Wunsch bedeutend zu sein. Ein Theatermann flog im Airbus der Bundesrepublik Deutschland. Das Essen wurde auf feinstem Porzellan serviert und die Stewards waren Hauptfeldwebel der Bundeswehr, die salutierten, wenn sie ihn begrüßten. Die Beamten des Auswärtigen Amtes mussten in der Bussinessclass Platz nehmen. Einmal Sieger sein.

»Wie lebst du eigentlich?«, fragte ihn Menes.
»Bürgerlich«, antwortete Menz und schwieg.

Bei seiner damaligen Reise waren der Minister und die Mitglieder der Kulturdelegation ins Goethe-Institut in Lomé eingeladen worden. Der Raum war voller Menschen, wenige Europäer und Weiße darunter, und von allen Seiten waren Fragen gestellt worden an den deutschen Außenminister. Warum die Deutschen Togo vergessen hätten? Ob Franz-Josef Strauß noch lebe, ob man nicht den togoischen Mittelbau stärken könnte, indem man mehr Handwerker ausbilden ließ, in der Tradition des guten deutschen Handwerkerberufes.

Menz war schon damals erstaunt, wie viel die Leute aus Togo

über Deutschland wussten, wie sie die deutsche Demokratie lobten und sich sehnten nach einer Rückkehr deutscher Werte und nach den Entwicklungshelfern. Mehr noch, viele kannten Heinrich Heine, Friedrich Schiller und sogar Bertolt Brecht.

Einer war aufgestanden und hatte gefragt, warum man in den Sechzigerjahren auf deutschen Bühnen kaum Brecht gespielt habe. Dem Minister und seinen Kulturbeamten hatten die Worte gefehlt. Dann rezitierte der togoische Künstler das Gedicht *Fragen eines lesenden Arbeiters,* alle siebenundzwanzig Zeilen. Den Deutschen in der Delegation war die Spucke weg geblieben, wer kannte von denen noch Bertolt Brecht? Und Menz? Menz war beschämt gewesen und hatte sich vorgenommen, diesen Menes aus Togo nach Deutschland einzuladen, und schon damals vermutete er, einen Freund gefunden zu haben.

Und jetzt? Jetzt suchten die beiden Freunde nach einem Mörder. Nach dem Mörder eines deutschen Schauspielers, der schwul gewesen war. Kein Zweifel, dass sich dieser Zusammenhang aufdrängte, kein Zweifel, dass Menz in einem homophoben Land war und zugleich sich selbst zunehmend dabei ertappte, wie er Männer attraktiv fand. Das waren seine Gedanken, während draußen die afrikanische Welt an ihnen vorbeiflog. Händler und Mopeds, Moscheen und Kirchen, Prachtbauten der Chinesen, fette LKWs mit schwarzen Rauchfahnen und dazwischen Kinder und Alte auf dem Weg nach Hause in dunkle Hütten und Lehmbauten. Aber Menz sah auch die Plantagen, den dichten Wald, dann wieder Steppe, alles rot und grün, eine Landschaft, die ihn verzauberte, die ihm aber auch Angst machte. Die Märkte an den Straßen, Frauen bei der Arbeit und Männer meist im Schatten hockend.

Ihre erste Rast machten sie in Agbelouve, einem kleinen Dorf. Menz wollte eine Telefonkarte kaufen. Die Dame am Schalter verlangte seinen Pass und den Impfausweis, sie telefonierte mit der Zentrale. Es wurde kompliziert. Ein neues Formular musste ausgefüllt werden. Menz wurde ungeduldig, Menes beschwichtigte.

Noch einmal wurde telefoniert, ein kleiner Junge war offensichtlich der Spezialist für Neuanmeldungen. Er hantierte an Menzens Telefon, aber nichts passierte. Menz bekam Durst, nebenan war eine Bar. Dort gab es genau drei Flaschen Wasser und zwei Flaschen Bier. Menz kaufte die Bar leer und kam zurück in den Telefonladen. Alles sei jetzt in Ordnung, meinte die junge Frau, in zwei Stunden müsste die Karte funktionieren. Menz zahlte 6500 Cefa, und sie fuhren weiter. Die Karte würde niemals funktionieren.

»Lass uns auf den Mont Agou fahren«, schlug Menes vor, als sie an eine Kreuzung kamen, »das ist der höchste Berg von Togo. Knapp tausend Meter.«

»Ja, machen wir das«, stimmte ihm Menz zu, und sie bogen von der Hauptstraße ab.

In Agou passierten sie am Fuße des Berges das Kassenhäuschen, folgten der geteerten Straße den Berg hinauf. Sie stellten den Wagen ab und erkundeten das kleine Dorf Kebotoe. Sie spazierten vorbei an spielenden Kindern, festlich gekleideten Frauen auf dem Weg in die Kirche und liefen über den Gemeinschaftsplatz. Oberhalb der Schule bogen sie auf einen kleinen Pfad in den Wald ein, dahinter wucherte wild die Obst-Plantage des Dorfes. Dann stiegen sie wieder ins Auto.

Bald befanden sie sich inmitten einer dicken Wolkenschicht. Der Nebel hüllte sie ein. Beinahe mystisch tauchte ein kleines Bergdorf auf. Gelbrote Lehmhütten klebten wie Bienenwaben am Berg. Ziegen kletterten von Stein zu Stein. Bunte Wäsche flatterte an den Leinen vor den Häusern.

Nach etwa einer halben Stunde waren sie am Ziel. An einer Militärschranke wurden die Eintrittsbillets verlangt. Für den Obolus von 5.500 Franc CFA gab es ein paar erklärende Worte eines jungen Togolesen. Er zeigte Menz, wo die Franzosen den höchsten Punkt des Landes markiert hatten und wo an anderer Stelle die Deutschen ihre Marke mit einem Stein setzten. Sie schauten vom Gipfel hinab über das grüne Land, und endlich bekam Togo für Menz etwas von dem Afrika, wie er es sich vorgestellt hatte.

»Ich glaube, dass Hans sehr viel mehr über die Entführungen der Kinder im Norden Togos wusste und sich dagegen engagiert hat«, sagte Menes plötzlich in die Stille hinein und bat Menz um ein Zigarillo.

Er sog daran und sprach weiter: »Seit vielen Jahren werden Eltern entweder überredet, ihre Kinder in reiche Familien in Nigeria, Mali oder Saudi-Arabien zu schicken. Man erzählt ihnen, sie hätten es gut, bekämen Bildung, aber in Wirklichkeit werden viele wie Sklaven gehalten. Sie werden als Landarbeiter, sogar als Minenarbeiter oder Sexsklaven missbraucht. Manchmal gelingt dem einen oder anderen die Flucht aus Nigeria oder Mali zurück, aber in Saudi-Arabien sind sie verloren.«

»Woher weißt du das?«

»Mein eigener Neffe, Eric, wurde entführt von einer Muslima, der Frau des Imam. Ich hab Hans davon erzählt, und er hat sofort Kontakt zu einer NGO in Berlin aufgenommen. Ein junger Mann, ich dachte es sei sein schwuler Freund und wollte nicht indiskret sein, hat eine Initiative gegründet, sie heißt *Stop Child Trafficking in Togo e.V.* Viele der ehemals entführten Kinder sind darin organisiert. Ich geb' dir seine Telefonnummer, hab' ich von Hans bekommen.«

»Und hier?«

»Hier machen sie mit, bis hinauf in die Regierung. Es ist ein Geschäft, es gibt Gerüchte, wie immer, mal soll die Witwe des

Präsidenten beteiligt sein, mal Maxim, der Geheimdienstchef. Aber das ganze System würde nicht funktionieren, wenn nicht auch die einfachen Leute daran verdienen würden. Frauen, die ihre Schwestern überreden, ihre Kinder ziehen zu lassen. Chefs oder Voodoo-Priester, die den Kindern ihren Segen geben. Es ist ein mieses Geschäft mit den wehrlosesten Menschen, die es gibt, mit Kindern.«

Menes stand auf, legte Menz die Hand auf die Schulter und drängte zur Weiterfahrt, bald würde es dunkel werden. Sie entschieden, bis Atakpamé zu fahren.

Alles ging gut, selbst das Benzin reichte.

In Atakpamé verließen sie die Rue Nationale Nr. 1 und bogen nach links ab. Menes erinnerte sich, von einem Hotel Paula gehört zu haben. Sie fanden es. Ein Junge riss die Tür auf und zog sie in das Haus. Kleine Zimmer, aber mit Klimaanlage.

»Das ist gut, das nehmen wir«, entschied Menz.

Auf dem Dach war ein Restaurant, es gab Rindfleisch, gebratene Bananen und Bier. Sie aßen und rauchten und Menes erzählte ihm, wie er als kleiner Junge auf einen LKW geklettert war und sich hinten auf der Ladefläche versteckt hatte. Der Fahrer merkte nichts, bis sie in Benin waren. Menes hatte Angst, als der LKW-Fahrer ihn fand. »Wollte er mich ficken? Einen Moment habe ich das gedacht, er, so glaube ich, auch, aber dann wurde sein Gesicht ganz weich und er strich mir über den Kopf. Er hörte mir zu, ich blieb bei ihm und später hat er mir die Schule und ein Zimmer bezahlt, einfach so. Sonst wäre ich nicht hier.«

Noch ein Bier, dann kam Paula an ihren Tisch. Schlank, mit Perücke, wenig Busen. Paula hatte in Lomé Literaturwissenschaft studiert und von einem anderen Leben geträumt. Sie liebte Victor Hugo.

Er konnte sich vor ihr an diesem Abend nicht retten.

Paula hatte ihm am Morgen etwas mitgegeben. Menes riss entsetzt die Augen auf, als er sah, was Menz in den Händen hielt.

»Eine Walter P4 aus dem Zweiten Weltkrieg«, sagte Menz, »ich habe sie bezahlt.«

»Die Frau?«

»Nein, die Waffe.«

Sie waren wieder auf der Straße.

»Auf der Straße, der großen Straße, geht ein junger Mann und singt«, trällerte Menz das Lied von Hermann van Veen.

»Wer ist das?«, fragte Menes, »Ein Freund?«

»Ein Holländer«, sagte Menz, »ja, ein Freund, aber er weiß es nicht, dass er mein Freund ist.«

Sie mussten beide lachen.

Die Straßen waren frisch geteert.

»Haben die Chinesen gemacht«, sagte Menes, »aber der Nachteil ist, dass es keine Geister mehr auf ihnen gibt.«

Sie fuhren in Richtung Sokodé. Vorbei an Friedhöfen und kleinen Siedlungen, an Petrol-Stationen: Petrol Oando und Petrol Dellore, an Kindern, Ziegen, Ziehkarren, Fahrrädern und Ochsen. Einmal sahen sie ein Schild, worauf Elefanten abgebildet waren.

»Halt! Anhalten! Gibt es denn noch Elefanten in Togo?«, fragte Menz.

»Genau fünf Stück«, erwiderte Menes, »aber man hat sie schon länger nicht mehr gesehen.«

Dann folgten Felder mit Erdhaufen, aus denen lange Stengel wuchsen. Das Feld sah aus, als hätte man kahle Männerköpfe eingegraben.

»Das sind Yamswurzeln«, sagte Menes und schaute besorgt in den Rückspiegel.

»Was ist? Werden wir verfolgt?«, fragte Menz halb im Scherz.

Ein großer LKW war hinter ihnen. Er fuhr immer dichter auf, hupte. Da stieß er auch schon an ihr Heck und versuchte sie wegzuschieben.

Menes beschleunigte, fuhr zur Seite und ließ den Trucker vorbei, der setzte sich gleich darauf vor die beiden und bremste sie aus. Menes wurde wütend und versuchte den LKW wieder zu überholen. Das war ein Fehler. Als sie auf der Höhe des LKWs waren, scherte dieser nach links aus, wollte sie von der Straße abdrängen, einen Abhang hinunterdrücken. Es blieben ihnen nur wenige Sekunden. Das Auto war kurz vorm Kippen, als Menz sein Seitenfenster herunterkurbelte, die Pistole zog, durch das offene Autofenster zielte und schoss.

Der Fahrer, ein dicker, schwarzer Afrikaner, flog nach vorne, der LKW zog nach rechts und Menes und Menz fuhren mit Vollgas an ihm vorbei. Hinter ihnen krachte der Laster gegen einen Baum und fing sofort Feuer.

Menes trat auf die Bremse. Die Reifen quietschten. Fassungslos schauten sie einander an. Nach einer Weile fuhren sie wie betäubt weiter.

»Du hast den umgebracht«, stellte Menes überflüssigerweise fest.

»Ich habe in Notwehr gehandelt und erst einmal unser Leben gerettet. Das ist was anderes.« Menz zitterte, schaute Menes lange an.

»Voodoo?«, fragte er.

Menes zuckte mit den Schultern: »Ich weiß es nicht.«

Etwa dreißig Kilometer vor Sokodé wurden die Straßen immer schlechter. Man merkte, dass die Regierung von Lomé die Völker des Nordens nicht besonders mochte. Straßensperren nahmen zu, die schwarzen Polizisten wollten Geschenke von ihnen, aber Menz blieb hartnäckig und freundlich. Baustellen häuften sich und fliegende Händler rannten über die Straße. Endlich erreichten sie Sokodé.

Das Hotel Central lag an der Hauptstraße. Es gab ein bewachtes Tor. Man konnte zwischen zwei Zimmerkategorien wählen, zwischen kleinen Rundbauten auf dem Hof, Hütten mit Küche und Bad, und kargen Zimmern im Hauptgebäude, die in einem hässlichen Grün gestrichen waren. Sie entschieden sich für die hässlichen, aber besser geschützten Zimmer im zweiten Stock. Die junge Frau an der Rezeption war hippelig, wippte mit den Hüften, kaute Kaugummi und trug eine große Brille.

Sie stellten ihre Taschen ab, tranken zwei Bier und fuhren weiter in die Stadt. Menes wollte unbedingt ins Musée Régional, um ein paar Freunde zu treffen.

Im Zentrum herrschte Chaos. Eine kleine Gruppe Demonstranten hatte sich vor dem Büro der PDP versammelt, als plötzlich Militäreinheiten über die Menschen hergefallen waren. Sie hatten wahllos in die Menge geschossen, einzelne Männer und Frauen waren von maskierten Soldaten abgeführt worden. Junge Leute versuchten Straßensperren zu errichten, Steine und Mauerbrocken lagen herum. Immer wieder wurden sie von den Soldaten verfolgt und durch die Straßen gehetzt.

Menz und Menes bewegten sich vorsichtig durch die aufgewühlte Stadt und fanden zunächst Zuflucht bei Kabula. Sie war eine gute Freundin von Menes, der aus Sokodé stammte. Ihr Haus war der Treffpunkt der Oppositionsbewegung, zu der auch Menes gehörte, wie Menz nun erfuhr – und viele seiner Freunde.

Ein Fernseher stand in der Ecke. Die Bilder des togoischen Staatssenders zeigten einen smarten Regierungsmann mit kariertem Anzug: Guy Lorenzo, Kommunikationsminister von Togo.

Er warf den Demonstranten vor, sie seien an ihrem Unglück selbst schuld, da sie faul und unbelehrbar seien, Demokratie brauche manchmal auch Druck, wie man selbst in Deutschland gesehen hätte, als es noch eine Mauer gab.

»Wir sind eine Demokratie«, rief er aus, »aber mit patriarchalen Zügen.«

Minister Lorenzo war eine der schillerndsten Persönlichkeiten im Karussell der Korruption in Togo. Früher war er Broker in einer von Dellores Versicherungsgesellschaften gewesen, später hatte er sich als Schriftsteller versucht, seine Dissertation über die Geschichte Togos war selbst von der Universität Lomé zurückgewiesen worden.

Als Sportminister hatte er die Gelder, knapp eine Million Euro, für den Bau von sechs Fußballstadien unterschlagen, und in China sollte er angeklagt werden wegen Computerkriminalität.

Dieser Mann, den man auch den *Tartuffe von Togo* nannte, war jetzt die Speerspitze des Diktators in Kommunikationsfragen. Seine Erklärungen waren so absurd, dass dies die Opposition noch mehr in Rage versetzte, er war ein echter Eskalationspolitiker.

»Wir müssen unbedingt die anderen Freunde im Museum treffen. Wir ziehen noch einmal los«, bestimmte Menes.

Im Museum wartete Thoko, der mit Jugendlichen eine Theatergruppe aufgebaut hatte. Die Jugendlichen, unter ihnen auch junge Männer und Frauen, die aus ihrer Gefangenschaft in Mali und Nigeria geflüchtet waren, fanden hier ein Zuhause. Menz schaute sich um. Das Museum hatte eine große Bibliothek, und trotz der Unruhen draußen saßen hier Menschen und lasen. Menz gab Thoko die Hand. Er freute sich, dass er sich mit ihm auf Englisch unterhalten konnte. Sie gingen in die Werkstätten, und er zeigte ihm seine selbst entworfenen Hemden und T-Shirts.

Die Hemden waren aus Baumwolle, die Farben wurden aus der

Natur, aus Beeren- und Kastaniensaft, aus Walnussol und Ochsenblut, gewonnen. Ja, es gebe wenig Touristen, die so etwas kaufen würden, Sokodé sei als Stadt nicht so interessant.

Menz erwarb ein paar Hemden, drei davon mit dem Emblem von Che Guevara, er wunderte sich, dass man Che hier nicht vergessen hatte. Er bat zwei Jungs, ein paar Kästen mit Limo und Cola zu holen. Die beiden nahmen das Geld und rannten los.

Das Museum war staatlich, zugleich aber auch ein Ort, an dem sich Oppositionelle trafen. Natürlich kannte Thoko Hans, den dünnen Hünen, auch er hatte sich hier mit den Kindern getroffen.

Nein, nein, nicht was Menz vielleicht denke. Er wollte einen Film drehen über diese Ungeheuerlichkeiten, wollte die Welt aufrütteln. Wollte eine Schule bauen für die traumatisierten Rückkehrer. »Er war so weich. Wenn er mit uns sprach, stiegen ihm schnell Tränen in die Augen. Deshalb haben wir ihm den Spitznamen *Feuchtes Gesicht* gegeben.« Hier hatte er auch Eric, den Neffen von Menes kennengelernt, der seinen Entführern entkommen war und nun ebenfalls im Museum lebte.

Die Jungs kamen zurück, die Getränke wurden verteilt.

Später zeigte einer der jungen Männer Menz seinen verstümmelten Fuß und erzählte ihm, dass sein früherer Herr, dessen Sklave er gewesen war, mit einer Schaufel das Fersenbein abgetrennt hatte. Menz wusste, dass diese dennoch fröhliche Gemeinschaft ihn wohl auch dem Stamm der *Feuchten Gesichter* zurechnen würde.

Erst im Morgengrauen verabschiedeten sie sich und machten sich erneut auf den Weg zu Kabula. Die Stadt schien nun wie ausgestorben. Die alte Frau machte ihnen Tee und Sandwiches.

»Du suchst nach den Mördern dieses Deutschen, Hans?«, fragte sie. »Alles was wir wissen, ist, dass er eine Liaison mit einem Mann hatte, und das kann hier tödlich sein. Meine Freunde haben ihn in einer Diskothek gesehen, ein paar Tage, bevor die Aufstände losbrachen.«

»Wenige Tage später hat ein Kind gesehen, wie er blutüberströmt und wehrlos in einem Militärfahrzeug abtransportiert wurde.«

»Wo ist das Kind? Kann ich es sprechen? Wir müssen es finden«, Menz war völlig außer sich.

Es dauerte nicht lange und es klopfte an der Tür. Ein junger Mann trat ein und flüsterte Kabula etwas ins Ohr. Sie drehte sich um zu Menz und sagte: »Wir wissen, wer der Junge ist. Ich komme mit.«

Eine Hütte aus Lehm, ein Feuer, das brennt, eine Mutter, die weint und ein erstarrtes Kind. Starr, seit Tagen. Hilflos suchten seine Augen in der Hütte nach einem Halt, dann schaute es zu Menz und sagte: »Die Männer jagen mich, sie wollen mich umbringen. Sie haben Voodoo. Kannst du etwas dagegen machen?«

Menz war überrumpelt.

»Ja«, murmelte er, «ich kann etwas dagegen machen.«

Er ließ sich Zeit, dann stand er auf und tanzte. Er drehte sich immer schneller, nach links, wie ein Sufi, immer schneller, und sang und drehte sich, bis ihm schwindelig wurde, er umfiel und sich erbrach. Er bat um ein Stück Papier, wischte das Erbrochene auf und warf es ins Feuer.

»Ich habe etwas dagegen gemacht. Du kannst jetzt reden.«

Er ist übergeschnappt, dachte Menes, aber Kabula verstand ihn und nickte unter Tränen.

Der Junge erzählte von dem Geisterhaus, vom *Haus der tausend Sünden,* oben am Rande der Stadt auf einem Hügel. Dann verstummte er. Das Haus kannte jeder. Es gehörte dem Präsidenten, er hielt sich dort auf, wenn er nach Sokodé kam. Wusste er, was dort vor sich ging?

»Wir nehmen das Kind mit zu diesem Haus«, entschied Menz, »damit es seine Angst verliert.«

»Aber wir fahren erst später«, mischte sich Menes ein, »am Abend, wenn es ruhiger ist.«

Gestern noch waren die Straßen voller Rauch und Blut gewesen, heute herrschte wieder das alltägliche Treiben. Sie hatten den Jungen mitgenommen, Menz wollte sich nach einer Maske umsehen. Er kaufte dem Kind Schokolade. Aber er fand keine Maske, die ihm gefiel, also gingen sie zurück.

Abends fuhren sie mit dem Auto los nach Westen, Richtung Ghana. Es wurde hügelig, in der Ferne konnte man die Berge sehen. Der Junge nickte immer wieder ein, und schreckte nach kurzer Zeit wieder hoch.

Das Haus auf dem Hügel war umzäunt von Stacheldraht, Soldaten überall. Sie mussten vorsichtig sein. Der Junge zitterte. Sie schlichen vor bis zum Zaun, Menz schaute nach oben zu den Fenstern. *War es hier,* dachte er, *haben sie ihn hier ermordet?* Er sagte nichts, dann spuckte er in weitem Bogen über den Zaun. Der Junge lachte: »Voodoo«, rief er, als würde er etwas davon verstehen.

Sie fuhren zurück nach Sokodé. Das Sokodé der verhexten Kinder, der misshandelten Demonstranten, und von Hans, der hier irgendwo sein Leben verloren hatte.

»Wir nehmen dich mit nach Lomé, wenn deine Mama einverstanden ist.«

Menes kannte Glory und Glory kannte Mike und Mike kannte den Besitzer der Disko, in der Hans zuletzt gesehen worden war, und der nannte den beiden den Kerl, mit dem Hans losgezogen war. Sie parkten das Auto vor der Disko und warteten. Emanuele kam bald vorbei.

»Steig ein«, sagte Menes. Emanuele freute sich über seine Freier: »Ist der Weiße auch schwul?«, fragte er.

Doch statt einer Antwort holte Menes aus und schlug ihm mit der Faust gegen den Kopf.

Emanuele hatte zwar kräftige Muskeln, aber einen weichen Kern. Er war wie ein Kind, saß brav auf dem Beifahrersitz und schwieg. Ihre Fragen beantwortete er einsilbig, er wusste nichts, womit sie etwas hätten anfangen können.

Schuld ist etwas für Anfänger

Es gibt kein Zurück, dachte Menz. Der Junge summte vor sich hin. Hinter einer Kurve tauchte eine Kirche auf, Menz bat Menes anzuhalten. Er stieg aus und ging auf das Gebäude aus Ziegeln zu.

»Es sind Klarissen«, rief ihm Menes hinterher, »denen kannst du vertrauen.«

Menz betrat die Kirche, tauchte seinen Finger in das Weihwasserbecken, das Wasser war warm. Während er sich bekreuzigte, erinnerte er sich an seinen Schulfreund Nelli, der ihn früher öfters in seine katholische Kirche mitgenommen hatte. Menz mochte das, auch später, als er Gott verloren hatte: den Geruch, die Gewänder, das Licht in der Dunkelheit. Er kniete vor dem Altar. Er versuchte zu beten. Ein Telefon klingelte. Er stand auf, ging zum Beichtstuhl, schlug den Vorhang zur Seite und kniete nieder.

»Vater, ich möchte beichten.«

Eine Frauenstimme antwortete ihm in bestem Deutsch: »Mein Sohn, unser letzter Pfarrer ist spurlos verschwunden, daher nehme ich dir die Beichte ab.«

Menz traute seinen Ohren nicht, er konnte hinter dem Gitter das Gesicht einer jungen Frau erkennen: »Ja, Mutter, nichts ist mir lieber.«

Er erzählte alles, es brach aus ihm heraus. Auf einmal flüsterte er: »Ich habe getötet.«

»Ob deine Sünden im Himmel vergeben werden, weiß ich nicht, ob es den Himmel gibt, kann ich auch nicht sagen, aber ich vergebe dir deine Sünden. Du bist ohne Schuld.«

Sie reichte ihm eine Telefonnummer.

»Wenn du nicht mehr weiter weißt, dann ruf' an. Ich bin die Äbtissin, mein Name ist Mutter Lisa«, sagte sie.

Menz beeilte sich zu gehen.

Draußen saßen Menes und das Kind noch immer im Auto. Der Junge hielt eine Cola in Händen. Er war sichtlich zufrieden. Menz stieg ein, er war erleichtert, das Gespräch im Beichtstuhl hatte ihm gut getan. Er konnte wieder sprechen.

Menes startete das Auto: »Lass uns noch einmal alles Wichtige durchgehen: Hans verlässt am frühen Abend die Gruppe. In der Stadt sind Unruhen. Er geht in die Diskothek und wird in eine Affäre verwickelt. Er begleitet Emanuele nach Hause. Wer hat das gesehen? Was ist wirklich geschehen zwischen den beiden? Kann Emanuele der Mörder sein?«

»Ich denke eher, er ist von homophoben Togoern beobachtet worden und die haben ihn gekillt«, sagte Menz, »Hans ist ein Idiot.« Sofort schämte er sich seiner Worte. Er schwieg, der Junge nuckelte an der Cola. Menes sagte etwas, aber Menz verstand ihn nicht.

»Das ist Ewe«, murmelte Menes noch einmal.

Weiter vorne sah Menz eine Tankstelle: »Wir sollten tanken«, er deutete auf die halbleere Tankanzeige.

Ihm war einmal der Sprit ausgegangen in Tansania, mitten in der Serengeti. Keines der vielen Touristenautos hielt an. Es wurde dunkel, um sein Auto strich tatsächlich, wie im Kino, eine junge Löwin. Gottlob hatte er genug Wasser dabei. Er trank wie verrückt. Nun musste er aber pinkeln. Aber wo? Konnte er rausgehen? Um ihn herum hohes Gras. Eben noch der Blick der Löwin.

Gelangweilt, aber wach, scheinbar teilnahmslos, aber nicht ohne Interesse. Mit den Zähnen biss er eine Plastikflasche auf und pinkelte hinein. Zufrieden mit sich selbst schüttete er den Urin aus dem Fenster. Als hätte der Geruch die Löwin angelockt, tauchte sie wieder auf. Einige Minuten später hielt ein LKW. Der Fahrer kurbelte sein Fenster hinunter und schrie ihm zu, dass er ihn mitnehmen würde. Menz hechtete aus dem Auto über die Straße und kletterte in die Fahrerkabine. Der Afrikaner lachte: »Don't worry, here they have enough antilopes, they don't like white meat.«

Menes bog zur Tankstelle ab. Menz entdeckte an der Zapfsäule den Mann aus dem Flugzeug. Täuschte er sich? Aber es gab keinen Zweifel. Das war der Mann. Der Taxifahrer aus Paris. Er sprang aus dem Wagen und rannte auf den Mann zu, packte ihn mit beiden Armen und rief laut: »Pierre, wie schön Sie zu treffen!«

Pierre war wie erstarrt und antwortete knapp und reserviert: »Ja. Schön. Wo kommen Sie denn her?«

Aus dem freundlichen Sitznachbarn, der mit ihm eine Büchse Bier geteilt hatte, war offenbar ein anderer Mensch geworden.

Menz vergewisserte sich noch einmal: »Sie sind doch Pierre? Der Taxifahrer aus Paris?«

»Ja, natürlich«, antwortete der, wenn auch etwas zögerlich. Für einen Augenblick herrschte Stille zwischen den beiden. Menes schaute herüber und hupte.

»Ich glaube ihr Chauffeur oder besser ihr Künstlerfreund wartet auf Sie.«

»Nein, nein, wir haben Zeit, lassen sie uns ein Bier trinken.«

Menz streckte Pierre erneut die Hand entgegen. Nichts geschah. Der schwarze Freund aus dem Flugzeug hatte sich verändert. Menz flüchtete sich in ein paar Floskeln: »Wie geht es Ihrer Familie in Lomé.«

Aber Pierre suchte kein Gespräch. Er wollte weiter, seine Frau warte in unmittelbarer Nähe der Tankstelle auf ihn.

»Wir sehen uns in Lomé im IBIS«, antwortete er.

Das klang wie eine Drohung. War Pierre etwa ein Mann des Regimes? War diese Begegnung zufällig oder war sie geplant?

»Gerne«, antwortete Menz und blickte dem Mann nach, der über die Straße ging und in einer Seitengasse verschwand. Erst jetzt realisierte Menz, wie groß und kräftig Pierre war, mindestens einen Kopf größer als er, der Körper durchtrainiert und muskulös.

Menes hatte getankt und Menz lief schnell zurück zum Wagen: »Komm mit, wir folgen ihm.«

Menes verstand zunächst nicht.

»Ich erzähle es dir später.«

Sie ließen den Wagen mit dem Jungen an der Tankstelle stehen und rannten über die Nationalstraße in die Nebengasse. Sie konnten gerade noch sehen, wie Pierre, selbstbewußt, ohne sich ein einziges Mal umzudrehen, in einen Landrover stieg und der am Steuer wartende Chauffeur mit ihm davon fuhr.

Auf dem Weg zurück zur Tankstelle, erzählte er Menes, wie er Pierre kennengelernt hatte. Sie setzten sich in ihr Auto, der Junge schien fröhlich. Endlich fuhren sie weiter nach Lomé. »Ich habe Hunger«, quengelte er in dem ihnen schon vertrauten Tonfall. Menes beruhigte ihn, sie würden bald bei ihm zu Hause sein. Dort gebe es etwas zu essen, und er wäre dann in Sicherheit.

»Wir nehmen ihn bei uns auf. Lilly ist der Meinung, wo zwei Kinder Platz haben, kann auch noch ein drittes sein.«

Inzwischen ging die Sonne unter, innerhalb nur weniger Minuten war es schwarze Nacht. Menz schlief im Auto ein.

Menes und die Ägypter

»Woher du diesen Namen hast, habe ich mich gefragt.«

»Es ist ein ägyptischer Name«, sagte Menes. »Mein Vater hat ihn mir gegeben, weil wir die unmittelbaren Nachfahren der Ägypter sind.«

Menz musste lachen: »So siehst du aus.«

»Mir ist es nicht so wichtig«, sagte Menes, »aber es gibt eine ernstzunehmende Geschichtsauffassung, die belegt, dass es im 5. Jahrhundert eine Völkerwanderung gegeben hat und viele Völker aus Ägypten nach Westafrika gezogen sind, lange bevor die Araber kamen.«

Sie waren in Lomé zu einem Kloster gefahren, in welchem nur noch wenige Nonnen lebten. Menes wollte Menz das Grab seines Vaters zeigen.

Sein Vater François hatte in den USA Agrarwissenschaften studiert, und als er zurückgekommen war, war Antoine Nanguibe, der alte Nanguibe, der Tyrann und gute Freund von Franz-Josef Strauß, an der Macht und wollte, dass François die Oberaufsicht über seine Parks und Gärten übernimmt. Aber das war nicht das, was François wollte. Er wollte den Hunger besiegen, forschen und die Landwirtschaft produktiver arbeiten lassen. Als François sich weigerte, kam er ins Gefängnis und wurde dort zu Tode gefoltert.

»Das ist noch gar nicht so lange her. Du und ich waren beide schon auf der Welt, du gingst in die Schule, ich war gerade geboren.«

Hinter der Kirche war ein gut bewässerter Kräutergarten angelegt, es roch nach Thymian, Basilikum und Baldrian.

»Das ist ein Garten der Heiligen Hildegard«, sagte Menes, »mein Vater hat sich viel mit ihrem Kräuterwissen befasst, deshalb haben wir ihm hier seine letzte Ruhestätte gegeben. Das wissen nur wenige und damit das so bleibt, deutet nichts auf ein Grab hin.«

Menz sah einen gewöhnlichen Hügel.

Menes erzählte weiter: »Der LKW-Fahrer, zu dem ich als Kind ins Führerhaus gekrochen war und vor dem ich so große Angst gehabt hatte, hat mir meine Schule und mein Geschichtsstudium bezahlt. Dann ist er gestorben, still und leise, er liegt auch hier, irgendwo, ohne Grabstein, so wie mein Vater.«

Von der Stille des Klosters trieb es die beiden an das stürmische Meer. Sie wollten Dieudonné treffen, auch ihn kannte Menes schon seit längerer Zeit. Sie gingen zur alten Landungsbrücke und versuchten, über die Eisenträger zu balancieren. Aber bald traute sich Menz nicht weiter hinaus. Das Meer war zu aufgewühlt.

Ein alter, dürrer Mann kam ihnen entgegen und wollte wissen, was sie suchten. Menes fragte nach Dieudonné. Kaum war der Name ausgesprochen, flitzte der Alte über die Eisenschwellen, unter ihm die Gischt. Wie durch den Nebel glitt er hinaus Richtung Horizont. Kurze Zeit später kam er mit Dieudonné zurück. Menz erkannte den jungen, schlaksigen Freund von Asmara sofort wieder. Ihren Lebensretter. Menes steckte dem Alten etwas Geld zu. Zu Dieudonné gewandt sagte er: »Komm, wir gehen zum Franzosen, wir laden dich ein.«

Sie gingen ins Hotel Aurore in der Rue Dzidzedze, eine Klitsche mit guter afrikanischer Küche und einem Garten, den man genießen konnte, wenn man sich gut mit Mückenspray eingesprüht hatte.

»Wie geht es Asmara?«, wollte Dieudonné von Menes wissen.

»Es geht ihr gut, sie ist dir bis heute sehr dankbar.«

»Kann ich ein Bier bekommen? Und …«, er zeigte auf Menz, »Menes, können wir offen reden?«

»Ganz offen«, Menes nickte.

»Gut. Es muss ein Geheimnis um euren Schauspieler geben, das nichts mit seiner Homosexualität zu tun hat. Irgendetwas. Es sind bisher nur Gerüchte, die man sich auf dem Markt erzählt.«

»Auf dem Markt?«, wiederholte Menz ungläubig.

»Sie werden vielleicht denken, der redet Schwachsinn, nur damit er ein Bier bekommt. Aber so etwas mache ich nicht, nicht wegen eines Bieres!«

»Komm, red' nicht so einen Unsinn, erzähl weiter«, forderte ihn Menes auf.

»Ich weiß es von dem Maskenbauer. Er hat seine Ohren überall, und sein jüngster Bruder war bei der Leibwache des Präsidenten, bevor sie ihn umbrachten. Der Maskenbauer erzählte mir, der Nanguibe-Clan hätte euren Hans im Visier gehabt und seinen Kampfhund Maxim auf ihn angesetzt.«

Menes lehnte sich zurück. Stille. Er schaute um sich, dann beugte er sich vor und zischelte: »Er ist das größte Schwein, das auf togoischer Erde herumläuft. Das Böse hat ein Gesicht, egal was man vom Voodoo hält. In Togo ist es das Gesicht von Colonel Maxim, Chef unseres Geheimdienstes. Die töten mit Lust.«

»Was weißt du über ihn?«

»Maxim Yotmani ist mit Balli Wiyao verheiratet. Ihr Sohn, Ladet Charles Maxim, studiert an der angesehenen Hargrave Military Academy in den USA. Yotmani gehört den Kabiyé an, wie nahezu alle Vertrauten des Präsidenten. In unseren oppositionellen Medien heißt er *Monsieur torture* oder *Psychopathe tortionnaire*. Der ANR wird dort als *Agence nationale de torture* oder *Gestapo der Tropen* bezeichnet. Des Weiteren wird Yotmani als *blutrünstiger und unsympathischer Offizier* mit einer *enormen Vorliebe für Gewalt* beschrieben, der weiß, *wie man in schwierigen Situationen mit der notwendigen Brutalität vorgeht.*«

»Solche Leute töten mit Lust«, wiederholte Menz und bestellte eine weitere Runde Bier.

Dieudonné fuhr fort: »Agenten des ANR haben sich auf dem Markt gebrüstet, eine alte Rechnung mit den Kolonialisten begleichen zu wollen.«

Menz konnte das alles nicht in Zusammenhang mit Hans bringen, außerdem sorgte er sich um Menes, seine Frau, die Kinder. Und er? Die Angst um sein eigenes Leben hielt sich in Grenzen.

»Mein Enkelkind würde ich gerne noch mal sehen«, murmelte er vor sich hin.

Sie tranken weiter. Später boten sie Dieudonné an, die Nacht im Hotel zu verbringen statt auf der Brücke überm Meer.

Die Maske

»Hey, Edoh«, lachte Menz, »mein zweiter Vorname ist Edi und wir sind im gleichen Jahr geboren. Das ist der Hammer!« Er legte dem Maskenbauer die Hand auf die Schulter.

«Aber es gibt auch einige kleine Unterschiede«, meinte der, »du hast noch zwei Arme und bist reich. Ich habe nur einen und bin arm. Wollen wir etwas trinken? Eine Cola?«

Menz ging los in die nächste Straßenkneipe, holte Bier und Cola. Den ganzen Morgen war er mit Dieudonné und Menes durch die Stadt gelaufen, er hatte in den Seitengassen immer neue Geschäfte entdeckt, auch immer neue Formen der Armut. Dennoch fühlte er sich heute wohler. In der Nähe der Rue du Grand Marché hatten sich die Maskenbauer mit ihren Ständen aufgebaut. Freilich war Menz gar nicht in der Lage zu unterscheiden, welche Masken historisch waren und welche importiert oder bloß auf alt getrimmt waren.

»Das sind Yoruba-Masken«, sagte Edoh, »sie sind besonders geschmückt und eher freundliche Geister. Anders ist es mit denen der Ewe, die schauen einen freundlich an, aber man weiß nie, woran man ist.«

Edoh hatte als Kind einen schweren Autounfall gehabt, bei dem seine Eltern und die Geschwister ums Leben kamen. Er überlebte als einziger, mit nur einem Arm. Er hatte eine Oberschule besucht und sprach fließend Deutsch. Er hatte ähnliches Glück gehabt wie Menes, nur Jahrzehnte früher. Ein Belgier hatte ihn auf der Straße aufgelesen, ihm eine Absteige bezahlt und das Schulgeld.

»Acht Jahre lang«, sagte er, »dann starb er.«

Eine Gruppe Afrikaner kam auf den Stand zu geschlendert. Sie nahmen die Masken in die Hände, eine fiel zu Boden.

Edoh signalisierte Dieudonné mit den Augen, es wäre besser zu verschwinden. Sie liefen die Rue du Commerce hinab in Richtung Goethe-Institut, langsam und unauffällig, soweit ein Weißer mit zwei Schwarzen unauffällig durch Lomé gehen kann.

»Das waren ANR-Leute«, flüsterte Dieudonné. Sie gingen weiter in die Rue Koketi und verschwanden in den Innenhof des Goethe-Instituts. Alles dort war ordentlich und sauber. Vor bald zehn Jahren war es nach einem Brand wieder neu aufgebaut worden.

Sie setzten sich an einen freien Tisch. »Hey Messan«, rief Menes den Leiter des Institutes, der gerade aus der Tür getreten war. Er setzte sich zu ihnen.

Messan Akakpo hatte das große Los gezogen. Weil die Zentrale des Goethe-Institutes Geld einsparen wollte, hatten sie ihn zum Chef gemacht. Jetzt zahlten sie nur noch ein Drittel des Gehalts eines deutschen Direktors.

»Mir fällt auf«, sagte Menes, »dass du so gut wie keine Veranstaltungen mehr machst. Nur noch Deutschkurse. Kein Theater. Keine Politik.«

Messan grinste: »Du siehst doch, wie gefährlich die Zeiten sind. Der Tod der kleinen Tunte gibt mir recht.«

Menz traute seinen Ohren nicht. Was sagte der da? Er packte den Mann am Oberarm: »Noch ein so blödes Wort über den Jungen und du hast Probleme!« Er setzte sich wieder, bestellte eine Cola. Stille. Er war unsicher. Sollte er sich entschuldigen?

Menz musste lachen. Was wusste er schon von diesem Land? Er wusste nur, dass bis heute sowohl Frankreich als auch Deutschland dafür verantwortlich waren, dass diese korrupte Familie Nanguibe ein ganzes Land regierte, als wäre es ihr Gutshof.

»Vier Bier bitte«, bat Akakpo einen der Kellner und entschuldigte sich bei Menz.

Dieudonné stand auf, er wollte zurück zum Markt und schauen, wie es dem Maskenbauer ergangen war.

»Was wissen Sie über die Sache mit Hans?«, fragte Menz Akakpo und sah abwechselnd zu ihm und zu Menes.

Im Goethe-Institut hatte sich die Nachricht vom Tod des jungen Schauspielers längst verbreitet. Es gab Gerüchte, er sei zu unvorsichtig gewesen.

»Können Sie uns helfen?«

»Ich kenne eine Journalistin, die seit Jahren über Togo berichtet und auch über die Homophobie im Lande. Wenn sie wollen, vermittle ich ein Treffen.«

»Heute Abend bei Ihnen im Büro, Menes und ich kommen um 20 Uhr«, sagte Menz. Dann telefonierte er lange mit einer Nummer in Berlin. Messan bestellte den beiden ein Taxi.

Die Verabredung

Charles-Henri Dellore hatte sich verabredet. Ein Artikel in der *Libération* vom Wochenende hatte seine Frau aufgeschreckt.

»Die behaupten, du seist in Menschenrechtsverletzungen in Togo involviert. Was ist da dran, erkläre mir das bitte. Ruf' mich in den nächsten Tagen an.« Sie klang energisch, legte auf.

Dellore wunderte sich. Er hatte lange um seine Frau geworben, sie war ihm nicht gleichgültig, beileibe nicht. Anne war jung und linksliberal, sie schrieb Romane und setzte sich für Flüchtlinge ein. Er nannte sie *seinen guten Geist*. Sprach man sie auf ihn an, in Talkshows oder Zeitungsinterviews, so betonte sie stets ihrer beider Unabhängigkeit.

Dellore unterschätzte nicht die Gefahr, die von einer Journalistin ausging, die offenbar seine Finanzgeschäfte in Togo recherchiert hatte. Er sah sein Bild über dem Artikel, es war nicht sehr vorteilhaft. Er sah alt aus, so alt, wie er war.

»Diesem Mann gehören das Land, der Hafen und das Meer, und er schreckt nicht davor zurück, Journalisten, die die Korruption in Togo bekämpfen, umbringen zu lassen«, stand da.

Sie sind und bleiben Idioten, die ihren Staat nicht in der Hand haben, und sie brauchen Leute wie mich, damit aus ihrem Land etwas wird, dachte Dellore. Er lehnte sich zurück in seinem Sessel, schaute aus dem Fenster und blickte auf den Atlantik.

Sein Haus wurde diskret von Panzerfahrzeugen bewacht, der Pool glitzerte in der Sonne, er hörte Chopin. Er notierte sich den Namen der Journalistin in seinem Notizbuch, das er monatlich aktualisierte und neben seinen digitalen Daten pflegte, dann wählte er eine Nummer: »Lomegan, ich muss dich und deinen Chef heute Nacht treffen. Kommt ihr zu mir?«

Madame Lomegan schien irritiert, beeilte sich dann aber, den Termin zu bestätigen.

»Wir kommen.«

Dellore hatte Amivi Lomegan in Lausanne kennengelernt. Dort hatte sie ihren Master in Wirtschaftsmanagement gemacht und in Togo einen raschen Aufstieg hingelegt. Sie war klug und machtbewusst. Schön war sie nicht. Aber sie hatte es schnell zur *Ministerin für Bodenoberflächenentwicklung, Handwerk, Jugend und Jugendarbeit* gebracht. Man hatte bei ihrer Amtsbezeichnung immer das Gefühl, es müsse sich um einen Übersetzungsfehler handeln. Aber es war völlig korrekt, sie war zuständig für »Grassroots development« oder »Développement á la base« und jetzt zur Kabinettsdirektorin aufgestiegen.

Sie war schon Ende sechzig, und hatte in ihrer mütterlichen Attitüde großen Einfluss auf Felix. Sie war reich und mächtig und – sie war abhängig von Dellore. Das gefiel ihm. Der Artikel, der ihn offen angriff, war von einer deutschen Journalistin geschrieben worden, es war eine Übersetzung aus der *Tageszeitung* ins Französische. Das ärgerte ihn, denn er besaß keinerlei Einfluss auf dieses Blatt. Dellore gab in seinem Notebook *Reporter ohne Grenzen* ein und seinen Namen. Folgender Text erschien:

> Die *Nahaufnahme Frankreich* von *Reporter ohne Grenzen* hebt die Bündelung von Medienkanälen in den Händen einer kleinen Gruppe von Investoren hervor, die demnach deren re-

daktionelle Ausrichtung bestimmen. Ein Beispiel hierfür ist der französische Investor Charles-Henri Dellore, Chef des Aufsichtsrates des größten französischen Medienkonzerns Vivendi. Ihm wird vorgeworfen, auf dem zur Gruppe gehörenden Bezahlfernsehsender Canal+ Werbung für das Land Togo gemacht zu haben, wo er massiv in die Konstruktion von Infrastrukturen, insbesondere in den Hafen von Lomé investiert und überdies die afrikanischen Hafenkonzessionen wohl durch Bestechung erhalten hat.
Der Bericht führt weiterhin aus, dass sowohl die Vivendi-Gruppe als auch ihre Partner-Holding-Gesellschaft Socfin in Luxemburg im Laufe der letzten Jahre unverhältnismäßig viele Klagen wegen übler Nachrede gegen konkurrierende Nachrichtenkanäle angestrengt habe. Zunehmendes Medien-Bashing in der Politik. Ein weiteres Problem, das von *Reporter ohne Grenzen* hervorgehoben wird, ist die Verunglimpfung von Journalisten in Afrika, die versuchen, die koloniale Politik Frankreichs in Togo aufzudecken.

Okay, dachte er, *das sind die bekannten Nachrichten, die mir nicht gefährlich werden können, aber die aktuelle Entwicklung hier, der Tod des jungen Mannes aus Deutschland, kann für mich zu einem Problem werden.*
Er ließ sich von seinem livrierten Diener einen Cognac bringen und überlegte, ob er sich aus Togo zurückziehen solle. Seine Projekte an der Côte d'Ivoire, die Plantagen in Sierra Leone – sein Imperium war ins Unermessliche gewachsen. Aber das Problem blieb, egal, ob er den Firmensitz in ein anderes Land auslagern würde.

Er hatte noch etwas Zeit, wollte einen Strandspaziergang machen und holte die Hunde.

Afrika hatte ihm Glück gebracht, hatte ihn reich gemacht. Aus der kleinen Papierfabrik seines Vaters war ein Imperium geworden. Bekam er Skrupel? Charles-Henri fühlte sich fit, er würde noch mindestens zehn, zwanzig Jahre leben, aber dennoch wurde es ihm immer wichtiger, was andere, besonders seine Kinder, über ihn dachten. Was würde bleiben?

Es war an der Zeit, Geschichten zu erfinden, das Leben zu chiffrieren, die Unfälle oder Exzesse, die geschahen, anderen in die Schuhe zu schieben.

Er nahm sein Handy und wählte Lugners Nummer.

»Lugner, schön, dich zu hören. Du, es gibt da einen unangenehmen Artikel von einer Deutschen in der *Tageszeitung*, kannst du dich mal über die schlau machen? Und ein junger Mann ist in Sokodé zu Tode gefoltert worden, ein Deutscher, Hans Keuthen heißt er, kannst du über ihn ein Dossier erstellen?«

Am anderen Ende der Leitung blieb es still.

»Hast du mich verstanden, Lugner?«, fragte er.

Die Antwort dauerte wieder einen Moment: »Ich habe verstanden, aber ich muss selbst vorsichtig sein, du erinnerst dich an die Kellnerin im IBIS?«

»Ja, was ist mit ihr?«

»Ich hatte mal eine Geschichte mit ihr ... es war nicht nur schön...«

»Du bist ein Idiot, man muss die Dinge trennen. Wenn ich helfen kann, sag Bescheid. Jetzt bist du erstmal dran. Ich brauche diese Informationen. Danke, dass du das machst. Bis bald.«

Er beendete das Gespräch. Er hatte schon immer geahnt, dass Lugner ein Sadist war. Lustlos warf er ein paar Steine ins Wasser, die Hunde sprangen hinterher.

Von hier aus konnte er die Landstraße sehen, die Straße, die alle auf dem Landweg miteinander verband, seine Reichtümer von

Sierra Leone bis nach Kamerun. Die Häfen Afrikas. Dellore sah die Fahrzeugkolonne näher kommen. Er steckte sich noch eine Zigarette an. Der Präsident und seine Direktorin würden bald da sein. Er ging zurück.

ZWEITES BUCH

Im Keller

Im Keller brannte noch Licht. Die jungen Soldaten, die draußen auf dem Hof trainierten, mit Gewehren auf Scheiben schossen, über den Boden robbten, angeschrien wurden, selber schrien, Gewehre putzen oder Autos waschen mussten, wussten, was das bedeutete. Einer war dran. Einer war dabei, sein Leben zu verlieren, und andere waren dabei zu üben, wie man einem das Leben nimmt. Nichts hatte sich verändert in all den Jahren, Schwarze quälten Schwarze, Weiße ließen Schwarze quälen und duldeten, dass Weiße gequält wurden. Im Portugiesischen Fort von Ouidah, gelegen zwischen den Hauptstädten Lomé und Cotonou, findet man bis heute die Folterwerkzeuge, die Brandstätten, die Orte der bösen Geister, an denen die Sklaven gebrandmarkt, getötet oder für immer verschifft wurden. Ouidah, eine böse Stadt des Voodoo, der abgehackten Hühnerbeine, eine wunderschöne Stadt der Zauberwälder, eine unschuldige Stadt für all die Jugendlichen, die neuen Generationen, die auf eine andere Zukunft hoffen und dann Soldaten werden, weil es nichts gibt, weil ihre Väter und Mütter nicht in der Lage sind, ihnen eine bessere Zukunft zu bieten als in Ouidah beim Militär zu arbeiten.

Sie hörten die Schreie aus dem Keller. In irgendeinem Keller zwischen Togo und Benin, im traurigen Niemandsland, brannte Licht, und Hans, nur noch Körper, lag auf einer stählernen Platte, nackt, voller Blut, mit aufgerissenen Augen, verzweifelt, unschuldig und ahnungslos, ahnungslos, warum gerade er. Und der Mann, der neben ihm auf einem Stuhl saß, der seine gefesselte Hand hielt, wie ein Vater einem Sohn die Hand hält, und zwischendurch im Abstand von Minuten aufstand, um ihm einen Fingernagel nach dem anderen mit der Zange heraus zu reißen, gleichgültig, ob Hans von Zeit zu Zeit in ein erlösendes Koma fiel oder nicht. Immer wieder, seit Tagen, stellte der Mann Hans eine einzige Frage, auf die es keine Antwort gab:

»Wer hat dich geschickt?«

Immer wieder zeigte der Mann Hans ein Bild, auf dem vor einer deutschen Flagge ein alter Mann abgebildet war, den Hans nie kennengelernt hatte, der aber sein Großvater war. Immer wieder Schreie, Hilferufe, Stöhnen, bis es stiller wurde. Keine Chance gegen die Erbarmungslosigkeit dieses Mannes.

»Wer hat dich geschickt?«

Hans hätte allenfalls schreien können: *Menz, es ist das Theater, das mich sterben lässt.* Aber Hans wusste, dass auch das ihm nicht helfen würde.

Einmal noch ging die Tür auf und mit verschwommenen Augen konnte Hans sehen, dass ein älterer Mann in Uniform den Raum betrat, und er wünschte sich so sehr, dass es Gott wäre, der ihm alle Qualen abnähme, ihn heil werden ließe, und tatsächlich hörte er auch, wie der große Mann zornig auf den dünnen Satan einredete:

»Weiß ER davon, weiß ER davon?«

Der Satan schüttelte den Kopf, während er Hans weiter mit der Zange bearbeitete. Colonel Maxim Yotmani schüttelte den Kopf:

»Nein, er weiß nichts. Aber er hat mir freie Hand gelassen, Sire. Ich soll herausbekommen, wer ihn geschickt hat. Der alte Antoine hätte seine Freude gehabt, wir handeln in seinem Namen, wir sind seine Rache.«

»Maxim, ich frage Sie noch einmal, wer hat Ihnen den Auftrag gegeben?«

Während Yotmani sich pfeifend ein altes Stück Seife nahm, sagte er nur: »Der Sohn. Nur welcher, das kann ich leider nicht mehr sagen.«

Der General ging und zuckte resigniert mit den Schultern.

Maxim befahl einen Trupp junger Soldaten zu sich und schnarrte sie an: »Packt ihn ein, bringt ihn zurück nach Sokodé, schmeißt ihn in einen Tümpel, sie sollen ihn finden und Angst bekommen.« Dann ging er frühstücken.

Zwei junge Soldaten standen vor dem zerschundenen Körper und wussten nicht, was tun. Sollten sie den Leichnam in Plastiksäcke verpacken oder dem Mann die Kleider anziehen?

»Was machen wir mit dem Blut?«, fragte der Jüngere der beiden.

»Wir lassen ihn ausbluten, dann ziehen wir ihn an.«

Sie stachen ihm noch einmal mit dem Messer in die Seite, wo sie die Leber vermuteten. Aber viel Blut kam da gar nicht mehr. Sie zogen ihm die Kleider an, dabei entdeckte der Jüngere das Foto. Es lag auf dem Boden, er hob es auf. Die beiden betrachteten es eine Weile. Ein alter weißer Mann im Anzug mit Krawatte, graue Haare, gescheitelt. Ein rundes, freundliches Gesicht, das den Betrachter anblickt. Dahinter eine Fahne.

Der Soldat wusste nicht, wohin mit dem Foto und steckte es in die Brusttasche des Hemdes, das sie Hans gerade überzuziehen versuchten.

»Vielleicht sein Opa«, murmelte er. Dann begann die letzte Reise von Hans, zurück nach Sokodé. Sie löschten das Licht, schlossen die Stahltür und transportierten den Leichnam auf einer Schubkarre zum Jeep.

Felix und der Spitzel

Felix war wütend, als er vom Alleingang seines Geheimdienstchefs erfuhr. Er hatte ihm all die Jahre vertraut. Er hatte sich bemüht, die Geschäfte der Regierung humaner zu führen als sein Vater. Seiner Mutter war er schon immer zu schwach erschienen, aber einen jungen Mann so zuzurichten – was würde das für Folgen haben? Was würden die Deutschen tun? Felix hatte sehr wohl zur Kenntnis genommen, dass der Internationale Strafgerichtshof auch in Afrika ermittelte. Hatte etwa Kpatcha diese Aktion angezettelt? Hatte sein Halbbruder eigenmächtig einen Befehl gegeben? Felix überlegte, wer dahinter stecken konnte. Für ihn war mit dem Tod des Vaters die *Aktion Lübke* für alle Zeiten abgehakt gewesen. Er musste mit seiner Mutter sprechen.

Er erhob sich vom Frühstückstisch und ließ sich in das neue Regierungsgebäude fahren. Viel hatte er bewirkt, neue Investitionen in die Infrastruktur, den Flughafen, die Straßen, es war gut, dass die chinesischen Kollegen nicht unentwegt auf Menschenrechtsfragen herum ritten. Ihre Auffassung von der Ethik der Macht war ihm näher als die europäische Doppelmoral. Hatte Dellore jemals an Menschenrechte gedacht, als sie mit Zwangsarbeitern den Hafen auszubauen begannen? Sie hatten verdient, alle, die Afrikaner mit Abstand am wenigsten. Das galt im Übrigen auch für Drogengeschäfte.

Der Alte hatte Drogen verachtet, wenn es sich dabei nicht um Alkohol handelte. *Weichen Alkohol* nannte er die Bierbesäufnisse mit bayerischen Gästen, und der kleine Felix konnte sich an Nächte erinnern, als unter Blaskapellenklängen dicke, ältere Männer über junge schwarze Frauen herfielen.

Felix fuhr durch seine Stadt, keine Weltstadt, aber am Meer. Die Deutschen polierten die alten Paläste auf, ein Deutscher war es auch, der für die Bauleitung zuständig war, und die Immobilienhändler begannen bereits Ferienwohnungen anzubieten. Es ging voran. Also bitte: keine unnötigen Übergriffe, keine gefolterten Leichen.

Der Empfangschef öffnete den Fond und grüßte. Felix betrat das repräsentative Palais. Die Soldaten öffneten ihm die Glastüren und Lomegan kam ihm mit wehendem Kleid entgegen.

»Wir werden heute noch zu Dellore fahren müssen, er ist verärgert, in der europäischen Presse fängt man an, auf uns aufmerksam zu werden, und das kann einem wie Dellore nicht gleichgültig sein.«

Felix steckte sich eine Zigarette an und fragte sie nach der Tagesordnung für die heutige Kabinettssitzung, aber Lomegan wirkte abwesend.

»Es gibt wieder eine Anfrage zu Issoufou Seidou. Das schwedische Außenministerium hat eine Protestnote übersandt und fragt an, wann denn nun nach mehr als acht Jahren der Prozess gegen ihren Staatsbürger stattfinden solle.« Felix verdrehte die Augen. Sie eilten durch die Flure, und als sie in den Sicherheitsbereich des Präsidenten kamen, fragte er: »Was macht eigentlich Kpatcha?«

Sie zuckte mit den Schultern: »Ich denke, er genießt gute Bewachung«, meinte sie und öffnete die Tür zum Vorzimmer.

Da saß Dr. Trenk und trank einen Kaffee: »Guten Tag, Mister Präsident.«

Die beiden gingen ins Büro des Präsidenten, das über 120 Quadratmeter groß und abhörsicher war. Sie schlossen die Tür.

Währenddessen überquerte Dieudonné den Campus der Universität, es wurde dunkel und die Solarleuchten begannen, etwas Licht auf die Wege zu werfen. Dieudonné war bekannt, viele grüßten ihn. Die meisten Gebäude standen offen, hatten keine Türen, wie es bei europäischen Schulen und Hochschulen üblich war. Die Hörsäle hatten ohnehin nur Holzbänke und eine Tafel an der Wand. An den schwarzen Brettern hingen Zettel, Werbung für Prepaid, Gesuche nach Arbeit, Stundenpläne und Bitten um gebrauchte Bücher. Am Tage spendete die Sonne ausreichend Licht, um im Hörsaal den Professor und die anderen Kommilitonen zu sehen. Dieudonné ging zu den Chemikern, um dort Abas Lemgo zu treffen.

»Lass uns nach draußen gehen«, sagte der, nachdem er Dieudonné begrüßt hatte, »da kann uns keiner abhören.« Abas berichtete, dass die kleine Studentenorganisation MEET (Mouvement pour l'épanouissement de l'étudiant) von Tag zu Tag mehr Zulauf bekäme und dass im Grunde genommen alle darauf warteten, mit ihren Protesten weiter zu machen. Er aber habe auch Angst vor der Verantwortung, er zweifle, ob er zum Aufstand aufrufen solle, denn er wisse ja, dass die Regierung nicht lange zögern würde, den Protest mit größter Gewalt zu beenden.

Die beiden wussten nur zu genau, dass ein Aufstand der Studenten alleine nie ausreichen würde, die Regierung zu stürzen. Sie brauchten die Unterstützung der Hafenarbeiter, und vor allem musste Europa seine Entwicklungsgelder einfrieren. Aber wer unterstützte sie schon in Europa? Was für eine Aktion mussten sie starten, um in Europa Aufmerksamkeit zu bekommen? Die französische Botschaft besetzen oder das Goethe-Institut?

»Es ist gut, Dieudonné, wenn du weiterhin nachts auf der Brücke bleibst, da vermutet dich keiner, und sie können dich in den Nächten nicht holen.«

Sie gingen zur Bar Obama und bestellten Bier.

»Ich zahle«, sagte Abas Lemgo, »gestern war ein schwedischer Journalist da, ich habe ihm ein Interview gegeben und er mir 20 Euro. Lass uns leben, bevor sie uns umbringen.«

Sie schauten auf das Meer. Abas hatte den Verdacht, dass es in der deutschen Botschaft einen Spitzel geben müsse, der die ANR oder den Präsidenten persönlich darüber informierte, was die Deutschen um diesen Menz eigentlich vorhatten.

»Pass also auf«, wiederholte er und verschwand. Dieudonné machte sich auf den Weg zum Goethe-Institut.

Menz und die Journalistin

Simone Sundheim war keine Schwedin, wie der Name vermuten ließ, sondern kam aus Bayern. Ihr Großvater, ein CSU-Politiker, war ein enger Vertrauter vom *Ochsen-Sepp*, dem Gründer der Partei gewesen, der später von der FJS-Fraktion kalt gestellt worden war. Sie war freie Journalistin. In Togo interessierte sie sich vor allem für die Aufarbeitung der jüngeren Kolonialgeschichte, und sie wollte erforschen, wie groß der Anteil von Franz-Josef Strauß am Putsch des alten Diktators war. Strauß lebte ja als Mythos in der Bundesrepublik fort.

Sie, Messan, Menes und Menz hatten sich im Goethe-Institut verabredet. Sie hatte sich gewundert, dass das Auswärtige Amt im Fall des getöteten Deutschen nicht eindringlicher um Aufklärung ersucht hatte.

Messan wollte gerade etwas zu trinken holen, als Dieudonné den Raum betrat. Menz mittlerweile klar, dass dieser junge Mann nicht nur der Lebensretter Asmaras war.

»Was nun?«, fragte er.

»Wir müssen so lange weiter recherchieren und Beweise sammeln, bis die Bundesrepublik gar nicht mehr anders kann, als einen eindeutigen Standpunkt zu beziehen und auf eine Verfolgung des oder der Mörder zu drängen«, meinte Simone Sundheim und schob zu Menz gewandt nach: »Ich habe gehört, dass Sie sich bei meiner Redaktion in Berlin über mich erkundigt haben, trauen Sie mir nicht?«

»Seitdem ich in diese Geschichte verwickelt bin, bin ich vorsichtig geworden.«

Menz war skeptisch, ob sie soviel Power hätten, auch nur am Lack dieser Diktatur zu kratzen. Sie mussten noch einmal nach Sokodé reisen, um jemanden zu finden, der bereit war, ihnen mehr über die fragliche Nacht zu erzählen. Sundheim überraschte sie mit der Nachricht, dass sie die Erlaubnis für ein Gespräch mit dem Bruder des Diktators im Gefängnis erhalten hatte. Es wurde still. Es war weniger ihre Müdigkeit oder die feuchte Hitze, die über der Stadt lag, als ihre Erkenntnis, dass sie noch ganz am Anfang standen. Hans war bestialisch ermordet worden in einer offensichtlich homophoben, evangelikalen Gesellschaft. Oder war es einfach nur, weil er sich an Demonstrationen gegen den Präsidenten beteiligt hatte, einen Film über die Kinderentführungen drehen wollte, all die Korruption publik machen wollte? Sundheim fand als erste die Sprache wieder. Sie zog Fotografien und einen Artikel aus dem Bayernkurier vom April 2016 aus der Tasche, geschrieben von einem Johannes Singhammer, von dem Menz noch nie etwas gehört hatte, der aber sogar einmal Vizepräsident des Deutschen Bundestages gewesen war.

Johannes Singhammer schrieb:

> Togo – auf dem Weg zum Musterland. *Togo hat die Größe von Bayern, und Bayern ist auch ein Universum für sich selbst.* So äußerte sich Franz-Josef Strauß bei seinem Besuch in Togo im Jahre 1983, bei dem er empfangen wurde wie ein ausländisches Staatsoberhaupt. Seither gibt es enge, besondere Beziehungen zwischen Togo und Bayern. Die Herzlichkeit und die Freundschaft der Menschen in Togo zu Bayern und Deutsch-

land haben seither nicht gelitten, im Gegenteil. Bei meinem Besuch als Vizepräsident des Deutschen Bundestages und in meiner Eigenschaft als Präsident der Bayerisch-Togoischen-Gesellschaft konnte man das eindrucksvoll spüren. Gemeinsam mit der Vorsitzenden der Hanns-Seidel-Stiftung e.V., Prof. Ursula Männle, Kollegen aus dem Deutschen Bundestag und einer mehr als zwanzigköpfigen Wirtschaftsdelegation konnten wir ein neues Kapitel in den Beziehungen zwischen unseren Völkern aufschlagen.

»Während in Togo Tausende inhaftiert waren und die Armee in Sokodé den Ausnahmezustand verhängte, ließen sich deutsche Politiker Orden umhängen und gaben Festbankette. Das ist deutsche Afrikapolitik«, resümierte Sundheim und schaute Menz an, »und so Typen wie ihr stört dabei.«

Sie steckte sich eine Zigarette an und fuhr fort: »Der Freund meines Großvaters, der Ochsen-Sepp, war eine schillernde Figur: Dr. Josef Müller ist im Jahre 1979 gestorben, er war sowohl an Arisierungen in der Nazi-Zeit beteiligt, also dabei, als man jüdischen Eigentümern Wertsachen und Immobilien entwendete und privatisierte, als auch ein Mann des katholischen Widerstands. Er stand Canaris nahe und Bonhoeffer. Beinahe wäre er mit den beiden hingerichtet worden. Aber Müller überlebte in Dachau und gründete später die CSU. Er wollte eine liberale, nicht auf Katholiken beschränkte Partei und wurde später von einem anderen einflussreichen CSU-Mann, dem Alois Hundhammer, und von Franz-Josef Strauß kalt gestellt. Und jetzt kommt es: Müller und mein Großvater bekämpften Strauß auch deshalb, weil dieser fasziniert war von allen möglichen Alt- und Neu-Diktatoren, ob sie Franco hießen oder Salazar, Nanguibe oder später Pinochet. Strauß suchte die Macht, dies verstärkte sich noch, als er dann doch nicht zum Kanzler der Bundesrepublik gewählt wurde.«

Simone sog an ihrer Zigarette und legte einen anderen Artikel, diesmal der Frankfurter Rundschau zum hundertsten Geburtstag von Strauß auf den Tisch:

> Strauß macht sich als bayerischer Kanzler quasi selbstständig und dokumentiert das mit Auslandsreisen. Dass er dabei auch Diktatoren wie Augusto Pinochet in Chile, Alfredo Stroessner in Paraguay oder Pieter Willem Botha in Südafrika trifft, verbessert nicht gerade seinen Ruf bei den Gegnern, die ihn für einen Kriegstreiber und skrupellosen Egomanen halten. Mit dem eigenen Flugzeug fliegt Strauß auch einmal nach Moskau. Zeitlebens ist die Sowjetunion, der Kommunismus, sein Feindbild. Als ausgerechnet er in den Achtzigerjahren der DDR einen Milliardenkredit verschafft, sind seine Unterstützer irritiert.

»Und Sie meinen, dies alles hat irgendetwas mit uns und unserem toten Freund zu tun?«, fragte Menz.

Simone zuckte mit den Schultern.

Dieudonné mischte sich ein: »Ich habe vor wenigen Tagen auf dem Parkplatz vom IBIS einen Deutschen getroffen. Er war Soldat, Flieger, hat sich nach seiner Pensionierung hier in Togo niedergelassen. Wir kamen ins Gespräch und er erzählte mir, dass der erste Präsident Togos eine enge Freundschaft zu Bundespräsident Lübke unterhielt und der auf Seiten der Demokratiebewegung gestanden habe.«

Menz nahm sich ein Bier. Messan prostete ihm zu: »Manchmal brauchen auch wir Waffen, um für Gerechtigkeit zu streiten.«

Dieudonné vertraute Menz an, dass er der Kandidat der *Parti pour la démocratie* sei und dass er sich, wenn es gefährlich wurde, auf der Brücke versteckt halte.

Menz staunte immer mehr, aber in einem Punkt wollte Menz Dieudonné nicht folgen, nämlich dass Trenk ein Spitzel oder ein Mann der togoischen Regierung sei. Das konnte, nein, das wollte Menz nicht glauben.

La Sécurité

Dellore begann ungeduldig zu werden. Wo blieb Felix? Zum ersten Mal befürchtete er, Nanguibe könnte ihn verraten, ihn ans Messer liefern. Aber wie liefert ein afrikanischer Despot einen europäischen Mogul ans Messer? Umbringen lassen würde er ihn nicht, aber er könnte Informationen nach Europa schicken, die ihm gefährlich werden könnten. Dellore hatte nicht mit einem Sieg von Macron gerechnet, und er hatte keinen Hehl daraus gemacht, dass er diesen Mann nicht unterstützen werde. Als der Wahlkampfmanager von Macron ihn angerufen und nach einer Spende gefragt hatte, war es Dellore unvorsichtigerweise herausgerutscht: »Wenn ich spende, dann für Marie, die schützt uns in unseren alten Kolonien.« Das war dumm gewesen.

Das Tor wurde geöffnet, der Präsident fuhr mit seinem Tross vor. Dellores Scharfschützen positionierten sich unauffällig.

Er ging Felix und Lomegan entgegen und führte sie in sein Haus.

Währenddessen telefonierte der Fahrer von Felix mit der Zentrale. »Wir sind beim Franzosen.« Mehr nicht.

»Danke«, sagte die Stimme des Colonel. Maxim Yotmani legte auf und schaltete das Abhörgerät ein.

Yotmani war immer mächtiger geworden. Den Geheimdienst ANR gab es offiziell nicht, auch nicht im togoischen Gesetz. Es gab nur L' Àrmée de terre, L'Armée de l'air, La Marine nationale,

La Gendamerie nationale, La Musique des Armées. Mit keinem Satz wurde der Geheimdienst erwähnt. Es gab aber ein Gebäude, in dem seine Agenten residierten, der Komplex stand direkt hinter dem Palast des Präsidenten.

Wem aber diente der Geheimdienst? Dem Staat oder nur dem Präsidenten? Oder nur sich selbst?

Yotmani hatte eine Antwort auf diese Frage. Der Geheimdienst diente der nationalen Sicherheit, und er bekämpfte ausnahmslos alle Feinde dieser Sicherheit: Demokraten, Oppositionelle, Künstler, Ausländer, Schwule und Mohammedaner. *Und manchmal,* so sagte sich Yotmani, *kann auch ein Präsident der Feind nationaler Sicherheitsinteressen sein.*

Er hörte das Gespräch mit. Dellore war zornig, brüllte und wütete, und Yotmani ahnte, wie die Ministerin nach Worten rang. Stille. Dann hörte er den Präsidenten sagen:

»Wir werden den Mörder des Deutschen finden und hinrichten.«

Ja, diesen Satz sagte er, der Präsident, und Yotmani wusste nun, woran er war und was er tun musste. Maxim hatte das Erbe verteidigt, das Erbe des guten Präsidenten, des alten Herrschers, und Felix war dabei, alles den Franzosen zu opfern. Aber seine Stunde würde kommen. Jetzt würde er erst einmal Dellore ans Messer liefern, an das Messer des Geheimdienstes der französischen Armee. Die kannte er und die kannten ihn. Er hatte genug gehört.

Dellore beruhigte sich, er war zufrieden. Er sah einen entschlossenen Präsidenten und eine Frau, die einen guten Instinkt hatte für alles, was mit Geld zusammenhing. Die Männer rauchten, sie tranken Champagner, wie ihn der alte Nanguibe geliebt hatte, Perrier Jouet Gran Brut aus der Chardonnay-Traube von der Côte des Blancs. Danach verabschiedeten sie sich und Dellore ging zu Bett, aber nicht ohne seine Frau anzurufen, um sie zu beruhigen.

»Alles wird gut«, versicherte er ihr.

Als Menz aus dem Taxi gestiegen war und durch das Tor sein Hotel ansteuerte, sich noch einmal vergewisserte, ob er alles in seinen Taschen hatte und einen Moment überlegte, ob er ein Zigarillo rauchen sollte, sich dafür entschied und entgegen allen Warnungen auf der Straße stehen blieb, die Schachtel aus seiner Jacke kramte, eine dieser kleinen braunen Tabakstäbe heraus nahm, da kam ein Mann aus dem Dunkel auf ihn zu und gab ihm Feuer.

»Bonsoir, Monsieur«, sagte er.

Menz schaute auf: »Sie hatten es mir ja angekündigt, Pierre. Vermutlich beobachten Sie mich schon eine ganze Weile.«

Pierre blieb ruhig und höflich: »War ich so auffällig?«

»Nein, aber ich wusste schon im Flugzeug, dass Sie ein Mann des Geheimdienstes sind«, log er, »Taxifahrer würden niemals eine Büchse Bier mit dem Daumen öffnen. Das tun nur Menschen, die keine Fingerabdrücke hinterlassen wollen.«

Pierre schien überrascht und ging sogleich zum Gegenangriff über: »Habe ich meinen Meister gefunden?«

»Wo denken Sie hin, aber der Tod ist ein Meister aus Deutschland, mein Freund, oder wie sehen Sie das?«

»Den Mörder werden Sie vielleicht finden, aber das nutzt ihnen wenig, ohne das Geheimnis, das hinter dem Tod Ihres Freundes steckt, zu kennen. Das liegt vielleicht in Deutschland. Und: Ab jetzt sollten Sie auf sich aufpassen. Das sage ich Ihnen als Freund über den Wolken. Gute Nacht, Herr Doktor.«

Er verschwand in die Dunkelheit, nicht ohne Menz vorher das Zigarillo stibitzt zu haben, das der sich gerade angezündet hatte.

Die Kinder der Nacht

Es ist dunkel. Die Menschen laufen über den Markt. Plötzlich Schreie. Kinderschreie. Kinder laufen, rennen, retten sich, hinter Häuser, Müll, graben sich mit bloßen Händen Löcher in die Erde. Weg, nur weg! Die Hexenjäger kommen, holen die verhexten Kinder, brennen ihnen die Finger ab und die Augen aus. Verbrennen sie bei lebendigem Leibe. Eine Stadt jagt ihre Kinder, ihr Ein und Alles. Mütter, Väter schlagen Kinder tot. »Halt!«, ruft ein Besonnener und schon wird er niedergetrampelt. »Halt!« Keine Chance. Es lebe die Hexerei und der Voodoo und der Teufel und der Zauber. Bunte Frauen in bunten Kleidern, Trommeln in der Nacht, dazwischen ein, zwei Weiße oder sind es Geister? Albinos? Finger von Albinos schmecken wie Myrte und Honig, machen dicke Schwänze, machen guten Sex. »Haaowe! Haaowe!«, rufen die Jäger, »Ahawe!«, schreien die Opfer, kreischen die Verfolgten. »Rettung! Rettung! Herr, bleibe bei uns!«

Wenn der Teufel auf der Straße ist, lachen die Soldaten, denn er kann ihnen nichts anhaben. Der Teufel hat keine Macht gegen Kalaschnikows, und die Masse jagt sich selber, schlachtet ihre Kinder und die Soldaten werden arbeitslos. Sie werden zu Zuschauern, sie schauen sich das Morden der anderen an. Sie schauen zu, wie das Morden vonstatten geht, sie lachen über die Opfer, die sich am Boden wälzen, ohne Hände, ohne Arme, mit aufgeschlitzten Bäuchen, so lange, bis der große Regen fällt. Als habe Gott doch Mitleid, als habe er die Schleusen des Himmels geöffnet, damit sie ertrinken, die Mörder und die Opfer, auf dass sie abkühlen, ihren Hass, ihre Wut, ihre Verzweiflung, ihre vertrocknete, zu einer Kruste gewordene Liebe, die nichts mehr übrig lässt.

Es regnete und die Täter brachten sich ins Trockene, und wer überlebte, robbte sich in Hütten und unter Blech, und den wenigen, denen eine Tür geöffnet wurde, entfuhr ein *Amen*.

In die Hütte der alten Frau, der Mutter von Menes, fielen zwei dieser Kinder. Sie hatten das Massaker unverletzt überlebt. Sie heulten und die Alte tröstete sie und wusch sie und teilte ihren Brei und sang sie in den Schlaf und hütete das Feuer, die ganze Nacht.

Die Kinder träumten von einem weißen Mann: Sie hatten ihn bewusstlos geschlagen gemeinsam mit anderen, hatten ihn unter den Armen gepackt, trugen und zerrten ihn über den Boden. Nein, schwer war er nicht, aber lang und groß, und so schleiften die Füße über den Staub, den Split, die Steine. Dann sahen die Kinder das Auto, das böse, grüne Militärauto, und dahinter einen kleinen Jeep, darin saß der Teufel. Er trug eine weiße Uniform, seine Zähne blitzten:

»Werft ihn auf die Ladefläche!«, rief er den Kindern zu.

Hart schlug der Körper auf, als sei er schon tot.

»Au revoir, Colonel!«, riefen die Kinder und winkten hinter den Höllenfahrzeugen her.

Die Kinder in der Hütte schrien immer wieder im Schlaf. Als am Morgen die Sonne schien, hielt die Alte sie noch immer im Arm. Bis es klopfte. Aber keine Angst, nichts Schlimmes, noch nicht, es war Eric, der Neffe von Menes, der nach der Alten schaute und staunte, sie nicht alleine vorzufinden.

Eric war einer der einstmals nach Nigeria entführten und zurückgekehrten Kinder. Hätte der Pfarrer sich seiner nicht angenommen, er wäre in Gewalt ertrunken, aber so hatte Eric es bis in das Lyzeum geschafft, und die französische Revolution war sein Lieblingsthema in Geschichte gewesen. Ach, diese alten Lehrbücher der Kolonialisten – lobten den Ruhm der Grande Nation, erzählten aber auch Geschichten von Danton und Robbespierre. Eric hatte sich innerlich auf die Seite von Danton geschlagen: *Lieber guillotiniert werden als zu guillotinieren. Lieber Märtyrer als Henker.* Und natürlich war auch er in der Oppositionsbewegung.

»Psst«, sagte die Alte zu den Kindern, »das ist ein Engel, der euch nichts tut«, die Kinder blieben still, sie glaubten ihr.

Eric brachte Reis und Bohnen. Grüße von Menes aus Lomé und wenig Hoffnung, dass sich etwas ändern würde, dass sie siegen könnten.

»Bleibt heute noch hier«, sagte die Alte zu den Kindern, und der jüngere der beiden, stammelte immer wieder:

»Danke! Danke!« Dabei kramte er aus seiner Tasche die Fotografie hervor. Sie zeigte einen alten Mann mit grauen Haaren und einem runden Gesicht.

»Das wollen wir dir schenken«, sagte der Junge, »etwas anderes haben wir nicht.«

»Wer ist das?«, fragte die alte Frau.

Der Junge schüttelte den Kopf: »Ich weiß es nicht.«

»Er ist weiß«, sagte die Alte.

Der Junge nickte stolz.

Erics Blick fiel auf die Fotografie. Er erstarrte, stand auf und rüttelte die Kinder an den Oberarmen und fragte: »Woher habt ihr das?«

Die Kinder erzählten ihm ihre Geschichte. Die Geschichte vom blutigen, toten Mann, den sie zweimal gesehen hatten. Einmal hin und einmal her. Eric verstand nicht, roch aber die Gefahr. Er legte seinen Finger auf die Lippen und ging an die Tür, es war aber keiner da.

Sie hatten unten am Teich gespielt, nach Fröschen gesucht. Da hatten sie den Mann wieder abgeladen, einfach hingekippt, drei Tage später. Die beiden hatten im Schilf gelegen und sich nicht getraut, nach Luft zu schnappen. Zwei Soldaten. Andere Soldaten und dieses Mal ohne den Teufel in der weißen Uniform.

»Heißt er Maxim? Haben sie ihn so genannt?« Die Kinder nickten.

Als die Soldaten weg waren, gingen sie hin und fanden in der Tasche des Toten das Foto. Ein Schatz. Ein Bild von einem alten Gott und dahinter eine Fahne, schwarz-rot-gold.

Deutschland, dachte Eric.

»Ihr könnt' nicht mehr nach Hause«, sagte er, »ich komme heute Nacht und bringe euch fort.«

Die Alte nickte. Sie stand auf und machte den Kindern etwas zu essen. Sie überlegte, welcher Bote nach Lomé reisen und das Bild zu ihrem Sohn bringen könnte, damit endlich die Mörder gefunden würden, auch wenn sie selbst den Mann auf dem Bild schon fast vergessen hatte.

Einmal war er hier gewesen, da war sie noch jung, und sie winkte mit genau so einer Fahne und dann fuhr das große schwarze Auto rasch vorbei. Zurück blieb der Staub.

Die alte Frau flickte den Kindern die zerrissenen Kleider, nur Schuhe gab es nicht. Sie steckte ihnen zwei Stifte zu. Dann kam Eric, nahm die Kinder bei der Hand, ohne Licht gingen sie Richtung Osten. Ein langer Marsch, kein besseres Land für Kinder, aber eine Grenze, die vielleicht den Teufel aufhielt, bis der nächste kam. Kinderkreuzzug nach Benin.

Währenddessen stand Sundheim vor dem Zivilgefängnis von Lomé. Sie schlug gegen die Pforte. Ein Fenster wurde geöffnet. Sie zeigte ihren Presseausweis und bat um Einlass. Der Soldat schaute finster drein.

»Ihren Passport«, sagte er. Frau Sundheim kramte in ihren Taschen. Dann ging das Tor auf.

Der Maskenbauer und der Himmelsmann

Hummler, pensionierter Bundeswehrpilot, war müde. Die Hitze setzte ihm zu, aber *Wer rastet, der rostet.* Er, ein Mann der alten Schule, konnte mit solchen Lebensweisheiten noch etwas anfangen. Er verließ sein Haus in Lomé nur noch selten. Der Blick auf den Atlantik, der wunderschöne, gepflegte Garten und das Internet hatten ihn hier alt werden lassen. Manchmal war er noch ins Goethe-Institut gegangen, wenn deutsche Schriftsteller aus ihren Romanen lasen oder gute Filme gezeigt wurden. Seine Pension gab ihm die Freiheit, in Togo wie ein wohlhabender Mann zu leben. Nach dem Tod seiner Frau hatte er eine Haushälterin eingestellt, der Gärtner kaufte für ihn ein, und Dr. Attombé von der Universität Lomé hielt ihn auf dem Laufenden, soweit es um Geschichte und Politik ging. Er unterstützte zwei Schulen mit monatlichen Zahlungen, und zweimal im Jahr flog er nach Deutschland. Sein Sohn war mittlerweile Chefarzt in einer Klinik am Bodensee. Dort ließ er sich regelmäßig durchleuchten, wie er es nannte. Er war ein rundum zufriedener Mann.

Wenn Constantin ihn besuchte, und das kam selten vor, gingen sie zum Friedhof, zum Grab der Mutter. Dieses Mal wollte Constantin unbedingt auf den Markt gehen. Zum einen hatte er gehört, es gäbe mitten in der Stadt ein kleines Geschäft für Designer-Handtaschen und zum anderen hatte er offenbar seine Liebe für Masken entdeckt. Öfter als in Togo bewegte sich Constantin in anderen Ländern Afrikas. Seine braune Haut machte ihm den Zugang zu den Menschen leicht, aber immer blieb er, wie er selber sagte, nur ein halber Afrikaner.

Sie hatten auf der Terrasse gesessen und deutsches Bier getrunken, von früher gesprochen. Constantin machte sich Sorgen. Er sah, wie sein Vater, der auf die Achtzig zuging, gebrechlich und einsam wurde.

»Lass uns losziehen, Vater, werfen wir uns ins Getümmel.«

Die Innenstadt war voller Menschen, eng drängte man sich aneinander vorbei, roch die anderen Körper. Hummler ging schnurstracks in die Seitenstraße zu den Maskenbauern. Sofort waren sie umringt, die Kinder, die Händler zogen an ihnen. Touristen, die es kaum gab, waren immer für Geschäfte gut. Hummler aber hatte nur ein Ziel. Und da stand der andere Alte, der Einarmige, der *Deutsche,* wie die anderen Händler Edoh nannten.

»Schön, dass wir noch leben«, sagte Edoh, »und schön, Carl, dass ich endlich deinen Sohn kennenlerne.« Er schaute den jungen Mann lange an: »Du willst eine Maske von mir?«

Constantin nickte.

»Ich geb dir eine aus dem Binnenland, aus Obervolta, wo deine Mama herkommt, eine Dogonmaske.«

Constantin staunte nicht schlecht: »Woher weißt du...«

»Das sehe ich dir an.« Es war ein freundliches Gespräch, sie verstanden sich gut, dann tauchte noch ein Vierter auf, der Sohn von Edoh.

»Er würde auch gern studieren«, sagte Edoh.

Hummler nickte nur.

Sie wurden sich über den Preis rasch einig. Vom Geld schickte Edoh seinen Sohn Limonade und Bier holen. Sie standen um den kleinen Stand, schauten auf die Passanten, die anderen Händler warfen neidische Blicke zu ihnen. Mannschaftswagen mit Soldaten fuhren auf dem Boulevard vorbei, alle mit Maschinenpistolen von Heckler und Koch, Nonnen in weiten Gewändern eilten vorüber zum Gottesdienst. Reden über Gott und die Welt. Schweigen über die Zukunft von Togo.

Dann fragte Edoh, ob Hummler vom Tod des Deutschen gehört habe: »Sie sagen, weil er schwul war, er ist schlimm misshandelt worden.«

Hummler hatte davon nichts mitbekommen, Constantin hörte interessiert zu.

»Ein Schauspieler«, ergänzte Edoh, »von einem deutschen Theater. Sie haben ihn gefoltert. Sieht nicht nach einem privaten Mord aus, eher professionell.«

Stille. Weitersprechen. Schweigen.

Edoh war kein Freund des Regimes, er war immer Demokrat geblieben. Er drehte sich um und kramte in einem Stapel Zeitungen. Schließlich zog er einen Ausgabe des Journal Togo hervor, blätterte aufgeregt darin und fand das Foto, auf dem der Schauspieler abgebildet war. Ein offenes Gesicht. Hummler betrachtete es lange. Plötzlich schaute er erschrocken auf.

»Was ist?«, fragten Constantin und Edoh gleichzeitig.

Der Junge kam mit den Getränken zurück.

Hummler schwieg. Sie tranken und scherzten. Sie schienen unbeschwert, aber etwas hatte sich verändert.

Edoh flüsterte Hummler zu: »Ich kenne den Chef des jungen Mannes, der sucht nach den Mördern. Wir treffen uns morgen, kommst du dazu? Wir gehen ins Alt Munchen, Sauerkraut essen.«

Hummler nickte. Vater und Sohn gingen zum Auto, das sie auf dem Parkplatz abgestellt hatten. Constantin setzte sich ans Steuer: »Willst du nicht zurückkommen nach Deutschland? Du wärst in meiner Nähe. Ich könnte nach dir schauen, wenn was ist.«

Hummler schaute ihn dankbar an.

»Bis eben hätte ich noch Ja gesagt. Aber jetzt habe ich das Gefühl, ich habe hier noch etwas zu erledigen.«

Zu Hause kochten sie Spaghetti, wie früher, und genossen die Zeit, die sie zusammen verbringen durften. Dann erzählte ihm sein Vater von dem Flug mit Lübke damals. Constantin schaute sich die Bilder an den Wänden an. Die Flugzeuge. Die Politiker, die sein Vater durch die Welt geflogen hatte. Konrad Adenauer, Erich Mende und eben Heinrich Lübke mit Wilhelmine. Und auch er machte sich seine Gedanken.

Sie blickten aufs Meer. Draußen lagen die Schiffe vor Anker.

»Gute Nacht, mein Junge«, er zwickte seinen Sohn liebevoll in die Wange, so wie früher.

Simone Sundheim stieg in ihr Auto, das sie direkt vor dem Gefängnis geparkt hatte. Sie war erschrocken über den Gesundheitszustand von Kpatcha Nanguibe. Er hatte keine Hoffnung, irgendwann freigelassen zu werden. Die Franzosen hatten ihn vergessen, die Afrikanische Union ließ ihn verfaulen. Er schien verwirrt zu sein, denn er hatte ihr eine Räuberpistole erzählt: Alle sprachen vom Tod des Schauspielers, und für Kpatcha war klar, dass sein Bruder dahinter steckte. Eine alte Rechnung sei noch offen mit den Deutschen, eine alte Geschichte, über fünfzig Jahre her.

Aber was sollte Felix damit zu tun haben? Das war alles lange vor seiner Zeit.

Kpatcha bat Simone, ihm doch eine Coca Cola zu kaufen und ein Päckchen amerikanische Zigaretten. Sie steckte dem Wachmann einen Schein zu und versprach in einer halben Stunde zurück zu sein. Sie lief zu einer der kleinen Verkaufsbuden und holte gleich fünf Flaschen und genau so viele Zigarettenpackungen. Als sie wieder in die Besuchszelle kam, wirkte Kpatcha konzentriert und gefasst: »Weißt du, mein letzter Trumpf gegen Felix ist, dass ich belegen kann, dass er kein Kabiyé ist, er ist ein Ewe, so wie ich, alles ist Betrug, seine Mutter und sein Vater sind Ewe. Er wird niemals der Versöhner unter den Stämmen sein.«

»Woher, wissen Sie das?«, hakte Simone nach.

»Auch im dummen Afrika gibt es DNA-Tests, und ich musste nur ein paar Haare von ihm ins Labor bringen«, fügte er hinzu. »Und jetzt gehen Sie, beten Sie für mich, egal zu welchem Gott, mir sind die Götter und die Stämme nie gewogen gewesen.«

Simone war erschöpft, Besuche in den Gefängnissen kosten alle Energie. Sie beschloss, noch einmal in die Botschaft zu fahren. Auf dem Boulevard du Mono merkte sie, dass ihr ein Fahrzeug folgte. Ein Volkswagen, ein Touran, breit und bedrohlich. Sie gab Gas und fuhr hinunter zum Meer. Der Wagen blieb hinter ihr, immer im gleichen Abstand. Als sie vor der Botschaft stand, hielt der Wagen an, dicht am Straßenrand. Sie hupte, drückte auf das Lichtsignal, das Tor wurde geöffnet. *Glück gehabt,* dachte sie. Der Pförtner fragte, wohin sie wolle.

»Ist Legationsrat Trenk noch im Hause?«

»Ich melde Sie an.«

Trenk erschien auf der Treppe. Er sah schlecht aus mit seinen vor Übermüdung geröteten Augen.

«Können wir sprechen?«, fragte sie.

Als Menz am nächsten Tag aufwachte, schmerzte sein Kopf. Er bemühte sich, gut gelaunt in den Tag zu gehen. Er hatte, was er brauchte, Träume, den Blick aufs Meer, den Segen einer Nonne und ein Frühstück mit frischem Obst.

Den Mörder hatte er noch nicht. Mit Menes hatte er besprochen, dass er zunächst einmal zurück nach Deutschland fliegen würde, um mehr über die Bayerisch-Togoische Gesellschaft heraus zu finden, und, was noch wichtiger war, die Eltern von Hans aufzusuchen. Er buchte einen Flug für den kommenden Tag und reservierte einen großen Tisch im Lokal Alt Munchen.

Er traute seinen Augen und Ohren nicht, mitten in Afrika spielte eine Blaskapelle, schwarze Musiker mit Lederhosen intonierten den Bayernmarsch, junge schwarze Frauen im Dirndl mit hochgeschnürtem Busen servierten Eisbein und Knödel, und an den Tischen saßen seltsame Gestalten. Versprengte Touristen, Togoer aus der Oberklasse, Franzosen, Entwicklungshelfer aus den Vereinigten Staaten und viele alte weiße Männer mit hübschen, jungen, schwarzen Frauen.

Es dampfte und zischte in dieser Hexenküche, Riesenportionen wurden serviert, Bierhumpen wie beim Münchner Oktoberfest herumgetragen. Hier war die Welt in Ordnung, Deutschland die Leitkultur. Menz war mit Menes gekommen, der ebenso ungläubig alles beobachtete, als müsste er sein eigenes Land neu entdecken.

Simone Sundheim saß mit Dieudonné an einem der hinteren Tische und winkte.

»Wir gehen später nach draußen, wenn die anderen kommen«, sagte sie, »wie wäre es mit einem bayrischen Apéritif?«

Der Ort war gut gewählt, denn man hatte das Gefühl, unter lauter unpolitischen Menschen oder deutschen Altkolonialisten zu sein. Die kleine Verschwörergruppe hatte sich gefunden. Sundheim erzählte, dass Edoh eine neue Bekanntschaft gemacht hätte, die eventuell zur Lösung ihres Falles beitragen könnte.

»Was ist mit Trenk?«, fragte Menz. Man sah ihm seine Skepsis an. Je grösser die Gruppe, desto grösser die Gefahr des Verrats.

»Er ist sauber«, sagte Sundheim, etwas zu schnell, aber vielleicht hatte sie genau diese Frage erwartet.

»Ich erkläre es Ihnen, es kann sein, dass er noch kommt.«

»Drei Bier und ein Wasser«, rief sie mit oberbayrischem Akzent und Menz war beeindruckt, wie wandlungsfähig diese Frau war.

Menes erzählte von neuen Aufständen im Norden. Er hatte Angst um seine Geschwister in Sokodé. Dieudonné schien zu träumen.

Dann entdeckten sie die anderen drei: Edoh, Constantin und Hummler. Sie kamen an den Tisch.

»Setzen wir uns raus?«, fragte Edoh.

»Aber gerne.«

Es war immer noch warm und schwül. Im gepflegten Garten vom Alt Munchen gab es Palmen, ihr Tisch lag etwas abseits, dort fühlten sie sich ungestört. Eine lustige Reisegruppe aus Deutschland mit togoischen Freunden? Eine Delegation der Bayerisch-Togoischen Gesellschaft?

Sundheim begann: »Wir sind hier aus unterschiedlichen Gründen, aber wir alle haben ein Interesse: Dass die Mörder von Hans nicht ungestraft davon kommen. Menes beginnt.«

Er berichtete noch einmal, was in Sokodé geschehen war, wie die Theatergruppe aus Deutschland mitten in die Demonstrationen geriet und wie Hans verschwunden war. Wie Tage später seine Leiche gefunden worden war, verstümmelt. Man hatte sie dorthin zurückgebracht, wo er zuletzt gesehen worden war. Und er erzählte von den zwei Kindern, die seine Mutter aufgenommen hatte, die zwei Kinder, die Hans gefunden hatten in einem Tümpel, und die man jetzt wegen angeblicher Hexerei jagte.

»Schwachsinn«, meinte er, »aber die Leute glauben dran. Eines der Kinder hatte in Hans' Jackentasche eine alte Fotografie entdeckt, sie war mit frischem Blut bespritzt. Abgebildet ist ein Mann, euer ehemaliger Präsident Heinrich Lübke.«

Sie schauten sich verblüfft an. Heinrich Lübke war vor fünfundvierzig Jahren gestorben. Woher kam jetzt dieses Foto von ihm mit der deutschen Fahne im Hintergrund?

Bier und Weißwürste wurden gebracht. Sie prosteten sich zu. Hummler schaute in die Runde und begann zu sprechen. Über den Flug mit dem Präsidenten Heinrich Lübke vor über fünfzig Jahren, über den Barbaren Antoine Nanguibe, über die Rache und das Voodoo und über einen nicht von der Hand zu weisenden Verdacht.

Mehr noch, Carl Hummler hielt leise, aber eindringlich, eine Rede über die Notwendigkeit, in den alten Kolonien für Demokratie zu kämpfen, und er brach eine Lanze für Heinrich Lübke, den guten alten Demokraten mit Demenz. Hummler war noch nicht zu Ende, er erzählte, dass er heute das Gesicht des Ermordeten genauer studiert hätte, es gäbe ein Bild und eine Notiz auf der Homepage von Africa News. Dabei sei er auf eine erstaunliche Ähnlichkeit mit Wilhelmine Lübke gestoßen.

»Lübke hatte keine Kinder, sodass der Fluch von Antoine Nanguibe, ihn bis ins dritte Glied zu verfolgen, ins Leere laufen musste. Aber man muss wissen: Wilhelmine Lübke war bereits einmal verheiratet gewesen, ihr damaliger Name ist identisch mit dem von Hans: Keuthen.«

Menz war sprachlos. Zuviel Zufall. Zuviel Erklärung aus der Geschichte. Immer neue Geschichten, zuviel Voodoo.

»Wir sind im Zentrum des Voodoo«, sagte Sundheim, »was glaubt ihr, wie viele Menschen hier täglich sterben, weil es Voodoo gibt?«

Menes nickte.

»Man kann es vielleicht nicht erklären«, sagte er, »aber Voodoo gibt es.«

Und dann tranken sie, alle außer Sundheim, bis Menes warnte: »Wir müssen achtgeben. Wir fallen auf. Das ist schlecht.«

Zu aller Überraschung fuhr der Dienstwagen der deutschen Botschaft vor, hielt an und Trenk stieg aus. Er war in bester Stimmung: »Eine Runde auf den Freistaat«, er bestellte Bier für alle. Doch die Gespräche waren verstummt.

»Ich verstehe«, sagte er, »Sie wissen sicherlich, dass ich vorgestern bei Felix Nanguibe eingeladen war. Mein Status verbietet mir, Ihnen darüber zu berichten.«

Er stand auf, verbeugte sich leicht und sagte zu Menz und Sundheim: »Ich fahre zurück in die Botschaft und würde gerne noch einmal mit Ihnen sprechen, bevor Sie, Dr. Menz, nach Deutschland reisen. Simone kann sie gerne begleiten, falls Sie mir nicht mehr trauen sollten.«

»Ich komme in ein, zwei Stunden«, beendete Menz den Dialog.

Vor dem Lokal Alt Munchen parkte ein Touran. Pierre saß darin und versuchte, die für ihn exotischen Namen der Anwesenden zu notieren.

Voodoo Nächte

Es war Vollmond. In der schönen Villa von Mama Nanguibe saß der Admiral vor dem Fernseher und schaute sich amerikanische Filme an. Adelan war der Ziehvater der kleinen Bestie Maxim. Felix war ein Feigling, es brauchte Bastarde wie Maxim.

Madame Nanguibe besah sich in ihrem Schlafzimmer die Fotos ihres verstorbenen Mannes. In einer großen Schachtel lagen Puppen, die mit Nadeln gespickt waren. Auf die Gesichter der Puppen waren Bilder geklebt. Alte Bilder. Bilder des deutschen Präsidenten Lübke, seiner Frau, Bilder von Hans und von Kpatcha, ihrem Stiefsohn. Manchmal spielte sie mit diesen Puppen und sang dabei traurige Lieder. Man hätte denken können, sie sei irre. Aber sie war immer eine kluge und beherrschte Frau gewesen, eine Frau, die ihre Versprechen hielt. Reichtum konnte sich nur halten, wenn die Geister beschwichtigt waren, und dem Alten hatte sie vor seinem Tod versprochen, die Demütigung durch den kleinen, dummen Präsidenten aus Deutschland eines Tages zu rächen. Antoine war dünnhäutig gewesen, zu dünnhäutig.

Der unselige Vorfall damals am Flughafen hatte ein Nachspiel. 1968 kam es doch noch zu einem Handschlag zwischen Lübke und Nanguibe. Um einen Eklat wie 1966 zu vermeiden, rief der damalige Entwicklungsminister Hans-Jürgen Wischnewski Lübke im Vorfeld eines Essens mit Nanguibe an und behauptete, Antoine Nanguibe sei nicht der Mörder von Sylvanus Olympio, er, Wischnewski, kenne den wahren Mörder. Lübke hatte sich mit dieser Auskunft zufrieden gegeben und Nanguibe in der Villa Hammerschmidt anstandslos begrüßt. Nach dem Empfang gestand Wischnewski, dass das eine Notlüge gewesen war.

Auch Felix kannte diese Geschichte, für ihn war damit die Sache vom Tisch gewesen. Doch seine Mutter war wie ein Elefant, sie vergaß nichts und sie hatte ihrem Mann ein Versprechen gegeben.

In der Nacht, in der Hans im Keller starb, nahm die Alte die Nadel aus seiner Puppe und zündete ein Feuer an, warf sie in die Flammen und sagte: »Es ist vollbracht.«

In der Nacht, in der der Halbbruder des Präsidenten im Gefängnis sterben sollte, begann Madame ihr Ritual von neuem. Die Geister standen ihr bei und der treue Colonel ihres Mannes. Des Teufels Colonel, Maxim Yotmani.

In der Nacht, in der der Vollmond schien, wurde die Zellentür des ehemaligen Verteidigungsministers Kpatcha Nanguibe ganz leise geöffnet. Drei Männer traten ein, zwei hielten den Gefangenen an den Armen fest, der Dritte drückte ihm ein Kissen auf Nase und Mund. Er starb an einem Infarkt.

Noch in der Nacht rief der Dritte den Admiral an: »Es ist vollbracht. Wir haben in seiner Tasche die Karte der Journalistin gefunden. Mit einer Adresse in Deutschland.«

»Danke«, sagte der Admiral, verließ für kurze Zeit den Fernsehraum und klopfte an der Tür seiner Frau.

»Es ist vollbracht«, sagte er und ging rasch die Treppe wieder hinunter, um nicht zu verpassen, was Denzel Washington im Schilde führte. Später schlief er vor dem Fernseher ein.

In der Nacht, in der der Vollmond schien, fuhren Menz und Sundheim noch einmal in die Deutsche Botschaft, sie winkten aus dem Taxi heraus Pierre zu, als wollten sie ihm sagen: *Du hast keine Macht über uns.* Aber Pierre wusste mehr. Sein Flugticket lag schon bereit.

Sundheim rauchte, Menz bat ebenfalls um eine Zigarette.

»Menz«, sagte sie, »lassen Sie sich von der einen kleinen Sache nicht durcheinanderbringen, er ist auf unserer Seite.«

»Wer?«, fragte Menz.

»Sie wissen schon«, antwortete sie.

»Sind Sie blind? Sind Sie gar verliebt?«

»Ja, vielleicht sogar in Sie.«

Menz errötete.

Das Tor öffnete sich. Trenk stand vor ihnen.

»Wir gehen ins Büro.«

Dort sah es aus wie Kraut und Rüben.

»Packen Sie?«

»Es sieht so aus, oder? Ich lass' mich versetzen.«

»Warum?«

»Ich erklär' es Ihnen.«

Trenk nahm sein Handy aus der Tasche und schaltete den Lautsprecher ein. Sie hörten, wie jemand über den Kies ging. Dann erkannten sie die Stimme des Präsidenten: »Guten Abend, Monsieur Dellore...«

Trenk hatte – wie auch immer – das Gespräch zwischen Felix, Charles-Henri Dellore und der Ministerin aufgezeichnet. Sie sprachen über den Tod von Hans Keuthen.

Felix schien aufgebracht, Dellore zornig, er beschimpfte ihn. Sie wechselten das Thema und sprachen über den Ausbau des Hafens, die Deponierung von Schwarz- und Schmiergeldern auf verschiedenen Banken in Lomé und in Genf. Was mit einer Beschimpfung begonnen hatte, mündete in einen harmonischen Abend. Nachdem sie sich von Dellore verabschiedet hatten, hörte man jedoch den Präsidenten zu Lomegan sagen:

»Noch einmal behandelt er mich so, dann ist er tot.«

Menz und Sundheim konnten nicht glauben, was sie soeben gehört hatten. Sie waren entsetzt angesichts dieser Unverfrorenheit und grenzenlosen Habgier. Und Menz war erleichtert darüber, dass seine Zweifel an Trenk unbegründet waren.

»Ab nächster Woche bin ich in Burundi«, sagte der, »ich werde dort Botschafter. Meine Frau und die Kinder gehen nach Wien. Ich darf die Familie nicht ins Krisengebiet mitnehmen. – Wir bleiben aber in Kontakt. Sie können sich im Zweifel auf Frau Rehmann verlassen. Morgen müssen Sie die Libération lesen. Hoffen wir dieses Mal auf Macron.

Frau Sundheim, Sie werde ich für die nächsten Tage unter Personenschutz stellen lassen. Und Sie, Herr Menz, fliegen am besten nach Deutschland zurück, mehr kann ich im Moment nicht tun.«

Es war spät geworden. Trenk ließ sie vom Fahrer der Botschaft ins Hotel bringen. Pierre war verschwunden.

Vor dem IBIS fragte Sundheim: »Und jetzt…?«

»Gute Nacht, bis bald«, sagte Menz und wusste im gleichen Moment, dass er ein Idiot war.

In der Nacht, in der der Vollmond schien, saß Charles-Henri Dellore im Flugzeug von Lomé nach Paris. Er flog Linie, saß allein in der ersten Klasse. Er aß Baguette mit Kaviar und sah sich einen Film mit Lino Ventura an. Dellore freute sich auf seine Frau. Er würde ihr erklären, dass er nichts mit den Menschenrechtsverletzungen in Togo zu tun hatte. Entspannt schlief er ein.

Als die Sonne über Paris aufging und das Flugzeug noch über

den Wolken war, hatte die Tageszeitung Libération eine Sensation zu vermelden: *Charles-Henri Dellore und der Terror.* Man konnte das gesamte Gespräch zwischen ihm und Nanguibe nachlesen. Jetzt wusste man schwarz auf weiß, dass er ein Verbrecher war. Die französische Polizei erwartete ihn am Flughafen, der Haftbefehl war bereits unterzeichnet. Er wurde aus dem Flugzeug geholt, Handschellen wurden ihm angelegt. Sie würden ihn direkt in das XIV. Arrondissement bringen und dort in das alte und berüchtigte Gefängnis La Santé stecken.

In Togo löste die Nachricht Bestürzung beim Präsidenten und seinen Anhängern aus, und Freude bei den Oppositionellen. Am Hafen wurden die Schiffe beladen, der Gewinn ging nach Paris.

DRITTES BUCH

Zurück in Deutschland

Vom Aéroport International Nanguibe Antoine bis zum Flughafen München Franz-Josef Strauß sind es genau 4774,72 Kilometer. Man fliegt über sieben Stunden. Beide Flughäfen tragen die Namen herrschaftssüchtiger Männer.

Menz hatte, wie schon oft, das Hotel an der Oper gebucht. München war ihm immer fremd geblieben, aber die Ecke um Oper, Kammerspiele und Residenztheater war ihm vertraut.

Er ging durch den Zoll, wollte zur Rolltreppe und staunte nicht schlecht, dass da seine große Tochter stand. Sie war gerade auch zufällig in München und wollte die Gelegenheit nutzen, etwas Zeit mit ihm zu verbringen.

Sie nahm ihn in den Arm, hob den Koffer an, und sie gingen zum Taxistand. Sie fuhren zu ihrem Hotel. Johanna hatte ein Zimmer auch für sich gebucht. Als sie ankamen, war es noch früh genug, im Hotel einen Wein und etwas Käse zu bestellen.

Zurück in der leichten und alles habenden Welt, erzählte er ihr von Togo und von Hans und seinem Verdacht. Später rauchten sie gemeinsam vor dem Eingang des Hotels eine Zigarette und verabredeten sich zum Frühstück.

Menz schlief unruhig und dennoch tief, hier war er in Sicherheit. Seine Pistole hatte er in Lomé gelassen, versteckt in einem Wachstuch in der roten Erde hinter Menes' Haus.

Am Morgen erzählte Johanna ihm von seinem Enkel und seinen ersten Gehversuchen.

»Sei bitte vorsichtig, pass auf dich auf«, verabschiedete sie sich von ihm.

Menz telefonierte mit seinem alten Freund Professor Salomon. Salomon hatte in den Siebzigerjahren des letzten Jahrhunderts ein bemerkenswertes Buch verfasst, das sich mit Franz-Josef Strauß beschäftigte. Er warf Strauß darin vor, eingebunden in den deutschen Waffenhandel und Mitwisser zu sein in einer Mordaffäre, einem Fall, in dem eine Frau mit Namen Vera Brühne unschuldig verurteilt worden war. Strauß hatte sich nie ganz von dem Verdacht befreien können, trotzdem war Salomons Buch damals vom Landgericht verboten worden.

»Gut, dass du wieder zurück bist«, sagte Salomon, »Strauß ist tot, aber unterschätze sein Erbe und seine Hintermänner nicht. Unterhalte dich mal mit Ott, der kann dir ein paar Tipps geben.« Menz bat Salomon, ihm die Adresse des Rechtsanwalts Siegfried Ott zu geben. Salomon blätterte in seinen Notizen. Im Hintergrund hörte Menz Salomons Frau rufen:

»Ulf, mit wem telefonierst du?«

»Mit einem Kollegen«, log er, senkte seine Stimme und flüsterte: »Sie hat immer Angst, wenn ich in den alten Geschichten herumrühre.« Er gab ihm die Adresse und bat Menz, ihn auf dem Laufenden zu halten, was dieser auch hoch und heilig versprach.

»Vergiss die Brühne nicht, pass auf dich auf.«

Menz hatte vor, sich Zeit zu lassen, nicht hektisch zu werden, genau zu planen. Strauß war damals zu einer Marke geworden in Deutschland, man traute ihm alles zu und ließ ihn gewähren. Er faszinierte alle, die solche Bilder brauchten, Bilder vom starken Mann. Der durfte auch dick sein und auf die Jagd gehen und Hirsche schießen und Elefanten. Einer wie Strauß durfte alles, und

Affären, die man ihm unterstellte, ließen ihn nicht wanken, machten ihn im Gegenteil stärker. All die Schwarzbücher über ihn, all die kritischen Stimmen aus dem Umfeld von SPD und studentischer Linken – nichts konnte dem Mann etwas anhaben.

»Aber was«, fragte Menz Rechtsanwalt Ott, »was hat all dies mit der Gegenwart zu tun?« Ott goss sich ein Bier ein und prostete Menz zu.

»Ihr Nestor Salomon hat doch ein Buch geschrieben, *Die Vergangenheit, die nicht endete*. Er meinte damit, dass vieles, was heute nachwirkt, als Quelle die unaufgearbeitete Geschichte der Deutschen hat. Sie müssen irgendetwas übersehen haben. Mir fällt auf, dass Sie wenig über die möglichen Täter wissen und nahezu nichts über das Opfer.«

Er hatte recht, der alte Fuchs.

»Schauen Sie sich mal 'ne Weile um in Bayern. Bleiben Sie mal dran an den dunklen Mächten, die sich unentwegt mit Togo verbünden. Da gibt es die Hanns-Seidel-Stiftung, die Bayerisch-Togoische Gesellschaft und einen dubiosen Honorarkonsul. Alle Büros liegen nahe beieinander. Das Konsulat in der Reitmorstraße, die Gesellschaft gleich ums Eck in der Lazarettstraße und die vom Bund geförderte Seidel-Stiftung ist im gleichen Haus. Da liegen die Leichen im Keller.«

Menz entschloss sich, eine weitere Woche in München zu bleiben. Und endlich schrieb er den Eltern von Hans einen Kondolenzbrief.

Mit Sundheim und Menes hatte er verabredet, ein Visum für Dieudonné zu beantragen, vorsichtshalber, falls der Aufstand scheitern würde und er verhaftet werden sollte. Darum musste sich Asmara kümmern. Es gestaltete sich schwierig, denn die Ausländerbehörde der kleinen Stadt am See hatte Angst, sich auf eine Welle togoischer Flüchtlinge vorbereiten zu müssen.

Er musste die deutsche Lobby für das grausame Regime in Togo unter die Lupe nehmen. Er musste versuchen zu verstehen, warum man in Deutschland mit diesem Regime sympathisierte, warum man dabei alle Menschlichkeit vergaß.

Salomon meldete sich noch einmal telefonisch: »Ich bin froh, dass du da weitermachst, wo ich damals aufgehört habe. Aber verzweifle nicht, wenn du die Wahrheit nicht findest. Es kommt darauf an, dass der Gegenwind bleibt.«

FJS

Menz ließ sich einen Termin beim Honorarkonsulat geben unter dem Vorwand, dringend ein Visum für Togo zu benötigen, innerhalb von achtundvierzig Stunden. Nach einigem Bemühen hatte er den Honorarkonsul am Telefon.

»Kommen Sie vorbei«, raunzte der ihn an. »Ein Mitarbeiter wird Sie empfangen.«

Menz hatte noch Zeit und tat endlich, was er seitdem er in Deutschland war, gefahrlos tun konnte, er recherchierte im Netz, suchte nach Informationen über Heinrich Lübke, betrachtete Bilder von ihm und seiner Frau, las Bundestagsprotokolle. Angriffe, immer wieder Angriffe gegen Heinrich Lübke und stieß dann auf ein Bild vom jungen Hans, als der noch in Lüneburg am Theater spielte, *Charleys Tante*, eine britische Travestie-Klamotte. Und da erkannte er die Ähnlichkeit zwischen Hans und Wilhelmine Lübke, sie war frappierend. Er brauchte keine Biometrie. Es war genau der gleiche Gesichtsausdruck.

Er rief Asmara im Theater an: »Werde ich vermisst?«, fragte er.

»Kaum«, antwortete sie, »der Laden läuft auch ohne dich.«

Menz lachte. Asmara hatte die Adresse der Eltern von Hans und ihre Telefonnummer herausgefunden. Sie lebten hoch oben im Norden bei Wilhelmshaven.

»Ostfriesland?«, fragte er.

»Ja, Ostfriesland«, antwortete sie, »fromme Gegend. Reformierte Kirche.«

Er hatte den Tag am Rechner verbracht und den Termin beim Konsul fast verschwitzt. Also nahm er ein Taxi in die Reitmorstraße 14. Es war ein ganz gewöhnlicher Wohnblock. Menz klingelte, keiner machte auf. Als er schon wieder gehen wollte, ertönte doch der Türöffner und eine Stimme frage mit französischem Akzent:

»Sind Sie Herr Menz?« Menz bejahte.

»Kommen Sie doch bitte in den dritten Stock.«

Menz nahm den Aufzug.

Im dritten Stock stand ein junger Mann: »Ich bin der Konsularbeamte. Ich meine, ich bin eine Aushilfe ..., Philippe.«

Sie betraten eine im Biedermeier-Stil eingerichtete Wohnung. Es roch nach Mottenkugeln. Sie nahmen an einem Schreibtisch Platz.

»Seltsamer Ort«, sagte Menz, Philippe nickte.

»Kann ich mal auf die Toilette?«

»Oh, das darf ich eigentlich nicht erlauben. Herr Dr. Kastenbauer mag das nicht so. Aber ..., gehen Sie nach hinten den Flur entlang, und dann die linke Tür.«

Menz blickte sich um. *Eine Spießerwohnung*, dachte er. Auf dem Weg zurück von der Toilette, warf er noch einen schnellen Blick ins Wohnzimmer. Und tatsächlich, auf dem Tisch lag die Biographie von Rudolf Morsey, *Heinrich Lübke*.

Menz glaubte nicht an einen Zufall. Er wollte das Vertrauen des jungen Mannes gewinnen. Er setzte sich ihm gegenüber und fragte: »Zahlt er denn wenigstens anständig, der Dr. Kastenbauer?«

Philippe schaute ihn grinsend an. Er erzählte: Sein Vater war linker Gewerkschaftler, er, Philippe studiere in Deutschland und hatte nach einem Job gesucht. So sei er hierher gekommen. Den Doktor sehe er kaum. Der sei meist am Starnberger See in seiner privaten Zahnklinik. Es kämen nur ganz wenige Anfragen wegen eines Visums. Manchmal kämen Freunde von Kastenbauer in die Wohnung, um Doppelkopf zu spielen.

Menz fragte noch, ob Philippe von einer besonderen Beziehung Kastenbauers zu Lübke wisse, er hätte die Biographie auf dem Couchtisch zufällig gesehen.

Nein, Kastenbauer sei ein überzeugter CSU-Mann und Strauß-Anhänger, von Lübke halte er gar nichts, aber es habe vor vier Wochen eine Anfrage gegeben zu Lübke.

Philippe suchte im Posteingangskorb, wo ein Stapel Zettel und Notizen lagen. Es war ein Fax. Der Briefkopf trug die Buchstaben ANR, es war vom togoischen Geheimdienst, der mit dem Schreiben an den Konsul eine vertrauliche Auskunft erhalten wollte: Ob es eine verwandtschaftliche Beziehung zwischen Hans Keuthen und Wilhelmine Lübke gebe. Menz starrte den jungen Mann an.

»Ich verspreche Ihnen, kein Wort über unser Gespräch irgendeinem Menschen gegenüber zu erwähnen. Aber dieser Hans Keuthen war mein Schauspieler und wurde in Togo ermordet. Kann ich bitte eine Kopie dieses Schreibens haben?«

Philippe musterte ihn, nickte dann, ging zum Fotokopierer und gab ihm wortlos die Kopie.

»Ich schlage vor, dass Sie hier kein Visum beantragen, damit weder Ihr Pass noch Ihr Passfoto auftauchen. Ich werde Kastenbauer sagen, es sei niemand gekommen.« Dann begann er, die Fingerabdrücke von Menz am Stuhl abzuwischen. »Besser ist besser.«

Menz verabschiedete sich. Er lief am Ufer der Isar entlang und fand rasch den Weg ins Hotel zurück. Er aß wenig, trank eine halbe Flasche Barolo und schlief nur schwer ein.

Er träumte von Afrika.

Irgendwann in der Nacht wachte er schweißgebadet auf. Sein Unterbewusstsein hatte das Geheimnis gelöst.

Traf das wirklich zu? Sollte er zurückfliegen? Wie nur konnte er Menes, Edoh, Hummler und Trenk informieren?

Am nächsten Tag suchte er die Hanns-Seidel-Stiftung in der Lazarettstraße auf. Er staunte, welchen Reichtum schon allein das Gebäude ausstrahlte und auch darüber, dass der Leiter der Abteilung Afrika und der Vorsitzende der Bayerischen Togostiftung ein und dieselbe Person waren. Er meldete sich an der Pforte an und musste lange warten. Nach über einer Stunde kam eine Sekretärin und teilte ihm mit, der Herr Bigler sei für ihn nicht zu sprechen.

»Warum nicht?«

»Das kann ich Ihnen nicht sagen.«

Menz überlegte einen Moment, ob er einen Skandal heraufbeschwören sollte, entschied sich dann aber, grußlos zu gehen.

Er ging ins Hotel zurück und verfasste einen Bericht. Diesen adressierte er an die Mitglieder des Auswärtigen Ausschusses und an Amnesty International:

> Die besondere Beziehung Deutschlands zu seiner ehemaligen Kolonie Togo ist unweigerlich mit dem Namen Franz-Josef Strauß verbunden. Dessen Freund, der Fleischwarenunternehmer Josef März, verfügte seit dem Jahr 1970 über eine geschäftliche Außenstelle in Togo. 1971 reiste auch Strauß das erste von acht Malen nach Togo. Bei diesen Reisen residierte er im ehemaligen deutschen Gouverneurspalast an der Strandpromenade von Lomé und ging mit dem damaligen Präsidenten, Antoine Nanguibe, vorzugsweise im Norden des Landes auf Antilopenjagd. Mit Beginn seiner Amtszeit als bayerischer Ministerpräsident (1978) wurden diese Verbindungen auch institutionalisiert. 1977 startete die Hanns-Seidel-Stiftung, die politische Stiftung der CSU, ihr erstes Auslandsprojekt im

Togo. Im selben Jahr wurde auch die Antoine-Stiftung, ein Patenkind der Seidel-Stiftung, gegründet und von dieser mit 3.2 Millionen Mark Steuergeldern kräftig unterstützt. Geschäftsführer der CSU-Stiftung war zu dieser Zeit Siegfried Lengl, welcher nur einige Jahre später als Staatssekretär im Entwicklungsministerium auf Grund seiner fragwürdigen Kontakte zum Diktator des ehemaligen Zaire, Mobutu, für Schlagzeilen sorgte. Ebenfalls 1977 wurde die Bayerisch-Togoische Gesellschaft (BTG) ins Leben gerufen, unter dem Vorsitz von Strauß und Nanguibe. Erster Geschäftsführer der Gesellschaft war Josef Prentl, ein hochdekorierter Wehrmachtsoffizier und Mitglied des bayerischen Landtages.

Diese Vielzahl von Gesellschaften und undurchsichtigen Verflechtungen kaschieren nur äußerst dürftig die engen personellen und wirtschaftlichen Bande zwischen dem Regime und Strauß, der CSU und den Vertretern des deutschen Staates. Ein Zustand, der schon damals fragwürdig erschien. Suspekt ist auch das Engagement. So leistete der deutsche Staat durch seine Militär- und Polizeihilfe ab dem Ende der Sechzigerjahre einen essentiellen Beitrag zur Stabilisierung der Diktatur Nanguibes. Die Seidel-Stiftung rühmte sich bald, *die gesamte Beamtenschaft* in Togo auszubilden. Ein Unterfangen, das nach vierzig Jahren Diktatur, Korruption und Vetternwirtschaft auf allen staatlichen Ebenen bestenfalls als gescheitert betrachtet werden darf. Die BTG musste sich schon kurz nach ihrer Gründung den Vorwurf gefallen lassen, gezielt die deutsche Kolonialherrschaft als *kulturelle Tat* zu verherrlichen.

All dies geschah frei nach dem Motto von Strauß, die ehemalige *Musterkolonie* in das *Musterland Afrikas* zu verwandeln. Koloniale Denkstrukturen, losgelöst von der Zeit kolonialer

Weltordnung, welche bis weit in das Deutschland der Achtzigerjahre überdauerten.

Sollte man aber annehmen, dass der Tod von Strauß und die Suspendierung der Kooperation mit Togo von 1993 bis Ende 2007, wegen fundamentaler Verletzungen der Menschenrechte durch das Nanguibe-Regime, dem ein Ende gesetzt hätte, so sieht man sich getäuscht. Nach der Machtübernahme von Felix Nanguibe, dem angeblichen Sohn Antoines, ist es ein CSU-geführtes Entwicklungsministerium, das die deutsche Entwicklungszusammenarbeit unter dem Titel *Frühling der deutsch-togoischen Entwicklungszusammenarbeit* ab 2012 wieder aufnimmt und seitdem intensiviert. Der Geschäftsführer der Bayerisch-Togoischen Gesellschaft und ehemalige Bundestagsvizepräsident, Johannes Singhammer, schreibt in einem Zeitungsartikel 2016, nur ein Jahr nach der offensichtlich manipulierten Wiederwahl von Felix, dass Togo *auf dem Weg zum Musterland Afrikas* sei. Im selben Jahr werden Singhammer und die Vorsitzende der Hanns-Seidel-Stiftung, Ursula Männle, mit dem Verdienstorden des Landes Togo ausgezeichnet, übergeben von Felix Nanguibe persönlich. Gleichzeitig gibt Frau Männle in Togo den Startschuss für das Seidel-Projekt *bürgernahe Polizei*. Bei der Eröffnungsfeier anwesend sind auch die Chefs der togoischen Polizei und Gendarmerie, zwei Männer, die schon zu Antoines Zeiten zentrale Plätze im Sicherheitsapparat eingenommen haben und denen der massive Einsatz von Folter nachgewiesen wurde, durch die Nationale Menschenrechtskommission des Togos und internationale Menschenrechtsorganisationen.

All dies macht deutlich, dass dieselben Akteure mit denselben Worten und Taten auch heute noch das Erbe von Franz-Josef Strauß fortführen.

Gevatter Tod

In dieser Nacht schrieb er auch einen langen Brief an Simone Sundheim und tütete ihn gemeinsam mit seinem Recherchebericht ein: Wie konnte man so wahnsinnig sein, einen Jungen zu töten, weil der Großvater, der gar nicht der leibliche Großvater war, vor vielen, vielen Jahren jemanden beleidigt hatte? Und: Wie konnte man den Mörder bestrafen?

Eine Woche später schrieb Dieudonné einen Brief an Asmara. Er war abgestempelt in Cotonau, damit er der Zensur nicht in die Hände fiel. Er sei nach Benin geflüchtet, auch im Süden von Togo würde es jetzt Proteste geben, nahe der Grenze zu Benin, in Togoville hätten sich junge Leute bewaffnet und wollten eine autonome Republik ausrufen.

Menes war mit seiner Familie im Norden Togos untergetaucht, nachdem er seine Mutter nach Ghana in Sicherheit gebracht hatte, und Edoh und Hummler lebten seit einiger Zeit gemeinsam in Hummlers Villa am Meer und bastelten an einer seltsamen Maschine.

Und Messan? Messan hatte Ärger bekommen mit der Zentrale des Goethe-Instituts in München. Man habe ihn ermahnt, sich politisch neutral zu verhalten, man wolle Kultur machen und keine Politik. Dennoch hatte Messan am Institut eine Gedenktafel für Hans anbringen lassen. Er hatte Menz ein Bild davon geschickt.

Nun war es auch endlich an der Zeit, Hans' Eltern zu besuchen. Menz nahm den Zug über Bremen. In Emden lieh er einen Wagen und machte sich auf den Weg. Der Wind peitschte über das platte Land. Man konnte weit über die Felder schauen. Er fuhr über Leer, entlang einem Fluss, der Leda. Die Fahrt zog sich. Aber dann sah er das Ortsschild: Detern/Ostfriesland. Er fuhr die Hauptstraße entlang an einem Supermarkt vorbei, links dahinter lag die Friedhofstraße. Er bog ein, und nach wenigen Metern erblickte er den Friedhof und vis-à-vis die Straße Storchennest. Hier war Hans aufgewachsen, hatte sich mühsam befreit vom Elternhaus, war nach Oldenburg ins Staatstheater gefahren und hatte dort seine Liebe entdeckt. Die zu den Männern und die zum Theater.

Menz parkte seinen Wagen und lief die Gräber ab. Nach einer Weile entdeckte er das Grab: *Unserem über alles geliebten Sohn*, darunter der Name. Mehr war nicht in den Grabstein gemeißelt. Menz setzte sich auf eine Bank. Er hatte zu wenig gewusst über die politischen Verhältnisse in Togo und Deutschland, Franz-Josef Strauß und Antoine, die deutsche Rache und togoischen Voodoo.

»Josef ist der Größte«, hatte ein Chor von Togoern gesungen, als Franz-Josef Strauß im Jahre 1983 zu Pfingsten die Kongresshalle in Lomé betrat. Ein Empfang, wie er ihn mochte, wie für ein Staatsoberhaupt, mit Trommeln und Rasseln, Trompeten und Schellen, einem Wald von Fahnen. Es fehlten nur Kanonenschüsse. »Wir Schwarzen müssen zusammenhalten!«, hatte Strauß gerufen und Antoine hatte von der Flamme der Freundschaft und der Brüderlichkeit gesprochen.

Und in der Kongresshalle gegenüber, im kaum besuchten Nationalmuseum, hängt im letzten Zimmer das kleine Bild vom ersten Präsidenten des freien Togo. Ein schmaler und sensibler Mann schaut uns da an, mit freundlichem Gesicht.

Menz spürte sein Unbehagen, die Eltern von Hans zu besuchen. Erst als er begann, vor Kälte zu zittern, stand er auf. Sie wohnten ganz in der Nähe. Friedrich Keuthen, der Stiefsohn von Heinrich Lübke, öffnete die Tür.

Der Aufstand

Der Bürgermeister von Togoville hatte die Freie Republik ausgerufen. In den Straßen tanzten die Menschen, Hühner wurden geschlachtet und kleine Bratenstücke kostenlos an alle Passanten verteilt. »Es ist wie die Speisung der Fünftausend«, sagte der große schlanke Mann mit seinen Rasta-Locken, »manchmal meint es der Herrgott gut mit uns.«

Aus Benin waren Sympathisanten gekommen. Das störte Benins Regierung wenig, denn solange Togo den Ärger hatte, blieb es in Cotonou still. Die Revolution war endlich in der Subsahara angekommen. Überall sah man Bilder von Sylvanus Olympio und Thomas Sankara, dem ebenfalls ermordeten fünften Präsidenten von Obervolta. Die jungen Leute trugen T-Shirts mit dem Porträt von Che Guevara. Das Militär hielt still.

Felix Nanguibe war überrascht worden von der Wucht der Autonomiebestrebung. Auf die Franzosen konnte er sich derzeit nicht verlassen. In Deutschland gab es keinen FJS mehr. Es war ihm nicht gelungen, Maxim Yotmani kalt zu stellen. Im Gegenteil, der Colonel war aufgestiegen.

Im April 2018 hatte Oberst Maxim Yotmani sein Studium am Institut für Nationale Verteidigungsforschung (IHEDN) in Paris beendet, wo er eine Ausbildung machte, um sich auf den Rang eines Generals vorzubereiten. Das Thema seiner Dissertation konzentrierte sich auf *Die militärische Bewältigung von Krisenzeiten*. Damit stieg dieser Psychopath und Folterer zu einem der mächtigsten Männer im Militär auf.

Menes war verzweifelt, als er Menz diese Nachricht schickte, und Menz verzweifelte, weil er niemanden fand, der ihm hätte helfen können, eine Anklage gegen diesen Barbaren zusammenzustellen. Die einzigen Zeugen, die jungen Soldaten, die die Leiche aus dem Keller nach Sokodé bringen mussten, waren zu den Aufständischen in Togoville übergelaufen. Niemanden interessierte der Fall Hans Keuthen, außer auf dem Blog Africa News von Simone Sundheim war der Mörder nirgends benannt worden.

Yotmani befand sich gerade in Ghana im Hotel Kempinski, wo er einen Vortrag über Sicherheitssysteme hielt. Der Aufstand in Togoville kam ihm gerade recht, denn nichts war ihm lieber, als Felix nachzuweisen, dass er als Präsident die Sicherheitslage unterschätzt hatte und nicht für dieses Amt geeignet war. Maxim war gerade wieder in Kriegslaune.

Zunächst schien es, als würde Carl Hummler in seiner Melancholie versinken. Er hatte es nicht für möglich gehalten, dass Antoines Fluch Wirklichkeit werden könnte.

Constantin hatte sich Sorgen um seinen Vater gemacht und ihm Psychopharmaka verschrieben. Es schien zu helfen. Sein Gemütszustand besserte sich, und als er auch noch Edoh gewinnen konnte, bei ihm einzuziehen und mit ihm an irgendwelchen Maschinen zu werkeln, Motoren zu entwickeln, schien die Welt wieder einigermaßen in Ordnung zu sein.

Hummler und Edoh besuchten noch einmal das Alt Munchen. Am Nachbartisch saß Kossi Togneglo, Minister für Kultur, der *faule Sack*, wie Menes ihn nannte. Als große Errungenschaft hatte er ein Nationalensemble aus sechs Spielern aufgebaut, die aber noch kein einziges Stück aufgeführt hatten. Auch sonst war er noch nie in einem Theaterstück gesehen worden. Bei ihm saßen Mitglieder der Delegation der Bayerisch-Togoischen Gesellschaft. Sie schütteten das Bier in sich hinein.

»Die wollen nichts sehen, nur das, was ihnen nützt: dankbare Negerkinder«, meinte Edoh.

»Darauf trinken wir noch einen«, sagte Hummler und winkte der jungen Frau im Dirndl zu. Sie kam an den Tisch und steckte Edoh unauffällig einen Zettel zu.

»Noch zwei Bier«, sagte der laut und fügte flüsternd ein: »Danke« hinzu. »Heute rauchen wir eine Zigarre!«

Hummler machte einen zufriedenen Eindruck. Ihr Informationssystem hatten sie perfektioniert: Sie hatten sich Prepaid-Karten aus Benin besorgt und tauschten die Neuigkeiten über Telegram aus, das im Gegensatz zu Whats-app nicht zu kontrollieren ist.

Hummler hatte einen Plan. Menes schrieb mit seinen Freunden an einer Verfassung für die freie Republik Togoville. Messan war nach Burkina geflüchtet. Simone Sundheim träumte von Menz. Menz war immer noch traurig, träumte aber auch von Simone. Hans lag in seinem Grab. Sie hatten ihn nicht vergessen und Asmara nahm sich vor, ihn jedes Jahr zu besuchen und auch die Eltern. Nur Felix und sein General Yotmani trieben weiterhin ihr Unwesen. Sie konnten es nicht ertragen, die Menschen frei zu sehen. Einer musste sich opfern.

Letzter Flug

Seit gestern wissen wir, was die Offiziere planen. Sie wollen alles vernichten, was sich wehrt und aufbegehrt. Die Armee wird Togoville angreifen, aber die Luftwaffe hält sich raus. Ich habe mich kundig gemacht. Sie haben insgesamt fünfzehn Flugzeuge, darunter vier Cessnas und nur drei Hubschrauber. Sie haben keine Flugabwehrraketen, sie haben nur Geschütze. Togoville hat erklärt, sich niemals zu ergeben, und der Bürgermeister hat dafür gesorgt, dass die Frauen, die Kinder und die Alten über die Grenze nach Benin fliehen können. Mit einer Ausnahme. Bei den Aufständischen hat sich eine Frauenarmee herausgebildet, die den Namen *Penthesilea* trägt. Das ist nicht erstaunlich, belegen doch die Quellen, dass Ouidah und Lokossa bis zu den Aufständen von 1870 von einer schwarzen Frauenarmee verteidigt worden waren. Geschichte kehrt zurück.

Die Stadt Togoville liegt direkt am Lac Togo. Mitten in den Wäldern. Es wird niemanden interessieren, wieviele Tote es gibt. Es wird auch hier keine Öffentlichkeit geben, nur die Geister von Voodoo und der Geist von Antoine werden vor Ort sein. Die Chinesen werden wegschauen, und Europa ist mit sich selbst beschäftigt. Edoh und ich haben nach unserem Besuch im Alt Munchen die ganze Nacht hindurch gearbeitet. In den letzten Monaten ist es uns gelungen, Material für den Bau von Motoren und die Rotorblätter über Benin nach Togo zu schaffen. Wir haben alles geplant, durchdacht und sind guter Dinge. Schon vor Monaten habe ich für Edoh in Diapaga ein kleines Haus gekauft. Das Dorf liegt in Burkina Faso, es ist nicht weit zur Grenze nach Benin. Er kann dort Masken bauen. Edohs Familie ist bereits ausgereist. Sie warten auf ihn. Er müsste es schaffen und wenn nicht, so wären sie gut versorgt.

In unserer Garage stehen jetzt vier Drohnen, die jeweils bis zu sieben Kilo zuladen können. Sie waren in Nordkanada für die Auslieferung von Post gebaut worden. Unser Glanzstück aber ist ein richtiger Hubschrauber für eine Person mit einem Gewicht von bis zu dreiundachtzig Kilo. Er ist fertig. Das Modell haben wir nach den Bauanleitungen einer Riesendrohne nachgebaut, die in den USA hergestellt wird, ein Surfly mit Klapprotoren und einer zusätzlichen Lithiumbatterie, falls der Motor ausfällt oder getroffen wird. Ich hätte gerne einen Probeflug gemacht, aber der muss leider ausfallen. Es gibt keine Generalprobe. Es gibt nur eine Premiere.

Wir haben jetzt noch zwei Tage Zeit und damit genug, um alles vorzubereiten. Dennoch müssen wir vorsichtig sein, denn Matilda und Bruno, die Haushälterin und der Gärtner, werden uns vermissen. Sie haben ihre Lebensplanung auf uns abgestellt. Aber auch für sie ist gesorgt.

Es ist gut, einen Freund wie Edoh zu haben, er versteht mich, er hat in keiner Minute versucht, mich umzustimmen. Er kennt mich und er weiß, dass ich alles gut durchdacht habe, dass ich so entschieden habe und dass es richtig ist.

Ich gehe viel am Meer spazieren, ich hatte immer Angst vor dem Wasser, Angst abgetrieben zu werden. Mit der Luft ist es etwas anderes. Sie gibt einem keinen Halt. Sie lässt einen freundlich hindurchfallen, ohne einen zu verschlingen. Die Wellen am Atlantik haben eine enorme Kraft, sie fressen einen auf.

Das Meer und die Luft gehören allen. Es ist nicht richtig, dass ein Mann aus Frankreich alle Häfen in Westafrika besitzt. Es ist wider die Natur und die Menschlichkeit.

Mitmenschlichkeit hat mit Intelligenz nichts zu tun. Ich habe diese Tage auf mich zukommen sehen und versucht, dazwischen ein gutes Leben zu führen. Jetzt ordne ich meinen Schreibtisch, den sie mir alsbald wieder durcheinander bringen werden, wenn sie die Türen aufbrechen und die Möbel zerschlagen. Ich vergrabe einige wichtige Schätze, und im Filtersystem des Pools werde ich in einem wasserdichten Beutel wichtige Dokumente deponieren. Ich werde Constantin die Orte nennen.

In der Nacht fahren wir los. Zunächst über die Rue National No. 2, das ist einfach. Dann biegen wir ab auf die No. 1, in Richtung Tsérvie. Wir kommen, geographisch gesprochen, von oben und hinten auf unser Angriffsziel zu. Der Jeep ist weiß und trägt die Kennzeichen der UN. In unserem Anhänger sind die Fluggeräte verstaut. Wir werden ohne Licht fahren, mein Nachtsichtgerät funktioniert bestens. Unser Freund Menes ist informiert, das Kommando des Widerstandes rechnet mit uns. Aber wirklich helfen können wir nicht, wir können nur ihre Niederlage hinauszögern. Das wissen sie. Nach unseren Informationen fährt Maxim Yotmani in einem gepanzerten Wagen an der Spitze des Zuges, und genau den werden wir treffen und zur Explosion bringen.

Unsere Fahrt dauert länger als gedacht, die Zeit drängt, aber bald haben wir die Rue National Nr. 34 erreicht und von dort aus geht es in die Wildnis. Wir reden nicht viel. Wir haben alles gesagt und uns bereits zu Hause voneinander verabschiedet. Die Navigation funktioniert. Die Handys sind aus.

Am Lac Togo schlagen wir unser Lager auf. Die Fernsteuerungen haben Strom, die Drohnen sind auf freier Fläche aufgestellt und unser Schmuckstück ist mit einem Tarnnetz überzogen.

Ich gebe zu, ein Schluck Gin muss sein. Vier der Drohnen sind jetzt startklar. Edoh ist ein Meister. Er hat geübt, abends und nachts am Strand. Da hört man nur die Wellen.

Die Drohnen haben jetzt ihre Pakete mit Sprengstoff aufgenommen. Sie werden über den See kommen, den Konvoi von Norden her angreifen. Die Militärs werden überrascht sein, sie werden schießen. Aber sie haben keine Chance. Zumindest für diesen einen Tag werden sie nicht nach Togoville kommen.

Als es hell wird, bekommen wir die Nachricht, dass die Kolonne zirka sieben Kilometer vor dem See gesichtet worden ist. Wir starten mit zwei Drohnen, sie fliegen dicht über dem See, und dann sieht unser Kameraauge Wagen und Panzer, als wären wir nahe dabei. Wir sind fast neun Kilometer entfernt, wir jubeln wie Kinder. Dann beginnen sie zu schießen.

»Ausweichmanöver und näher ran, näher ran!«, rufe ich Edoh zu, und dann lassen wir die Päckchen fallen.

Es kracht, zwei Mannschaftswagen werden getroffen.

Es ist Zeit für mich. Ich lege Edoh zum Abschied die Hand auf die Schulter. Er schaut mir nach. Der Motor springt an, er ist viel zu laut, die Rotoren drehen sich zunächst langsam, dann schneller, oh mein Gott, ich hebe ab. Ich fliege über den Regenwald, zurück nach Lomé, und dann über das Meer. Niemand scheint mich geortet zu haben und ich schenke mir einen letzten Blick über die Wellen, dann drehe ich ab und fliege von Süden kommend mit 271 Stundenkilometern auf die Spitze der Militärkolonne zu. Ich sehe ihn, seine weiße Uniform und sein böses Gesicht. Die Maschine ist jetzt im Sturzflug und noch ein letztes Mal wird mir schlecht in diesem Leben.

»Lieber Gott, lass ihn da sitzen, sei gerecht, lass ihn zittern, lass ihn sterben!«

Dank

Natürlich sind alle Personen, bis auf die Ereignisse um Heinrich Lübke und Sylvio Olympio frei erfunden. Zu Beginn des Jahres 2019 behaupten die Diktatoren in Burundi und Togo, sie wollten bald ihre Macht abgeben. Aber mehr ist nach dieser Ankündigung nicht geschehen. In Burundi herrscht offener Terror.

Ich danke Franziska Bolli, meinen Freunden in Togo, dem Abteilungsleiter Kultur im Auswärtigen Amt, meinen Verlegern Gudrun und Rainer, dem Rechercheur Janek Graber und immer wieder Tina, Jana, Marie, Johannes, Milan und Rosa.

Christoph Nix, wurde 1954 in Hessen geboren. Er war viele Jahre lang Strafverteidiger, arbeitete als Clown im Zirkus Bügler und ging 1991 als Assistent von Peter Palitzsch an das Berliner Ensemble. Er ist seit 2006 Intendant des Theaters Konstanz (vorher in Nordhausen und Kassel) Sein erster Roman *Junge Hunde* erschien 2008. *Muzungu* (2018) war sein zweiter, *Lomé – Der Aufstand* ist sein dritter Roman. Er schöpft aus den Theaterarbeiten und Workshops, die Christoph Nix zusammen mit afrikanischen Theatern in Uganda, Togo, Malawi, Burundi oder Ruanda veranstaltet.

LESEN SIE WEITER:

Christoph Nix
MUZUNGU
208 Seiten, gebunden mit Schutzumschlag
ISBN 978-3-88747-362-4. Auch als ebook

Peter Henning
DIE TOTE VON SANT ANDREU
176 Seiten, gebunden mit Schutzumschlag
ISBN 978-3-88747-375-4. Auch als ebook

Gerd Zahner
KEINER VERLIERT ALLEIN
144 Seiten, gebunden mit Schutzumschlag
ISBN 978-3-88747-371-6. Auch als ebook

Gerd Zahner
GOSTER
144 Seiten, gebunden mit Schutzumschlag
ISBN 978-3-88747-365-5. Auch als ebook

Mukoma wa Ngugi
BLACK STAR NAIROBI
256 Seiten, gebunden mit Schutzumschlag
ISBN 978-3-88747-314-3. Auch als ebook

Marion Schmid
AUSGEKOCHT
224 Seiten, gebunden mit Schutzumschlag
ISBN 978-3-88747-367-9. Auch als ebook